私でも
スパイス
カレー
作れました！

印度カリー子
先生
こいしゆうか
マンガ

sanctuarybooks

はじめに

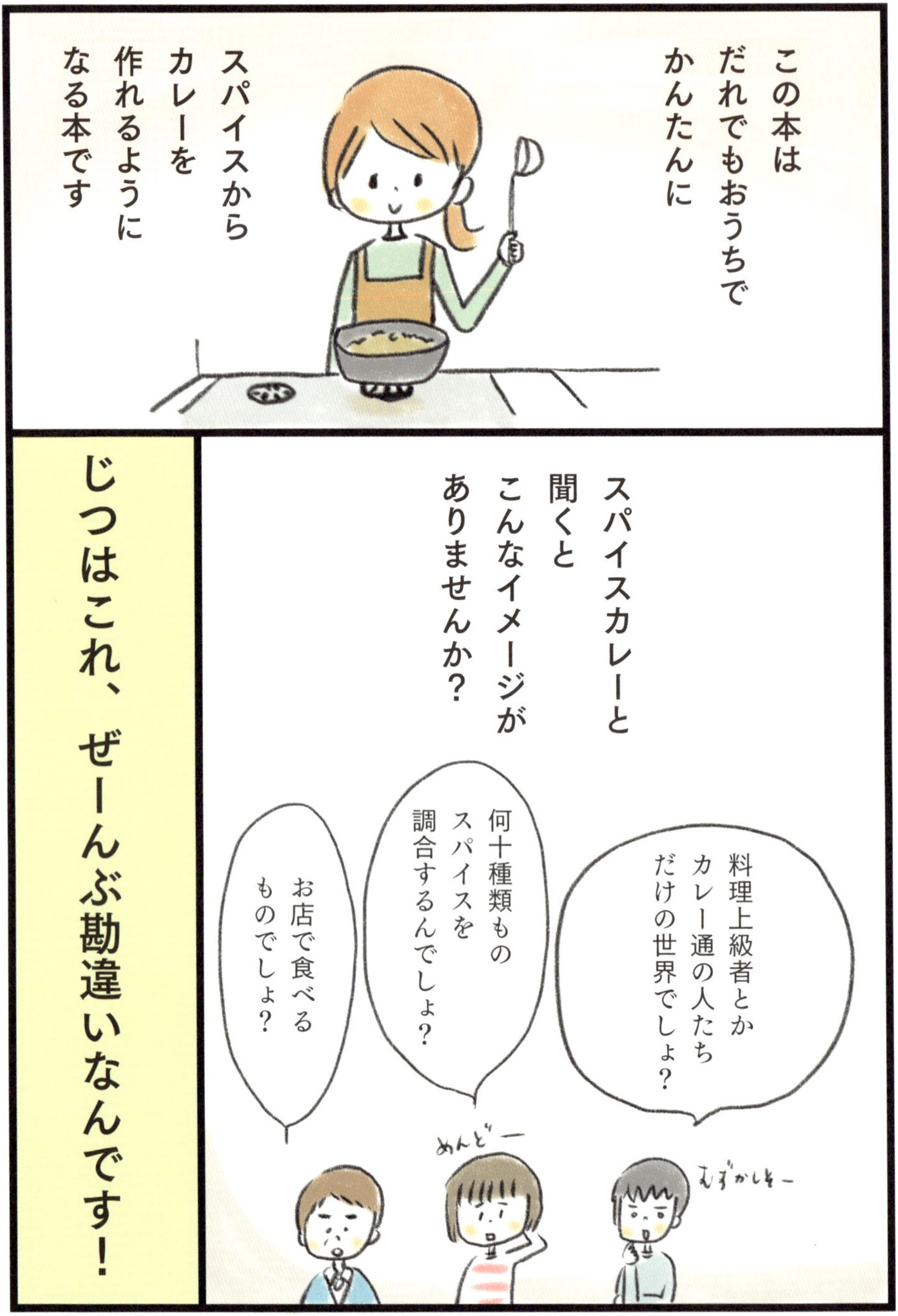

この本は
だれでもおうちで
かんたんに
スパイスから
カレーを
作れるように
なる本です
スパイスカレーと
聞くと
こんなイメージが
ありませんか？
料理上級者とかカレー通の人たちだけの世界でしょ？
何十種類ものスパイスを調合するんでしょ？
お店で食べるものでしょ？
むずかしそー
めんどー
じつはこれ、ぜーんぶ勘違いなんです！

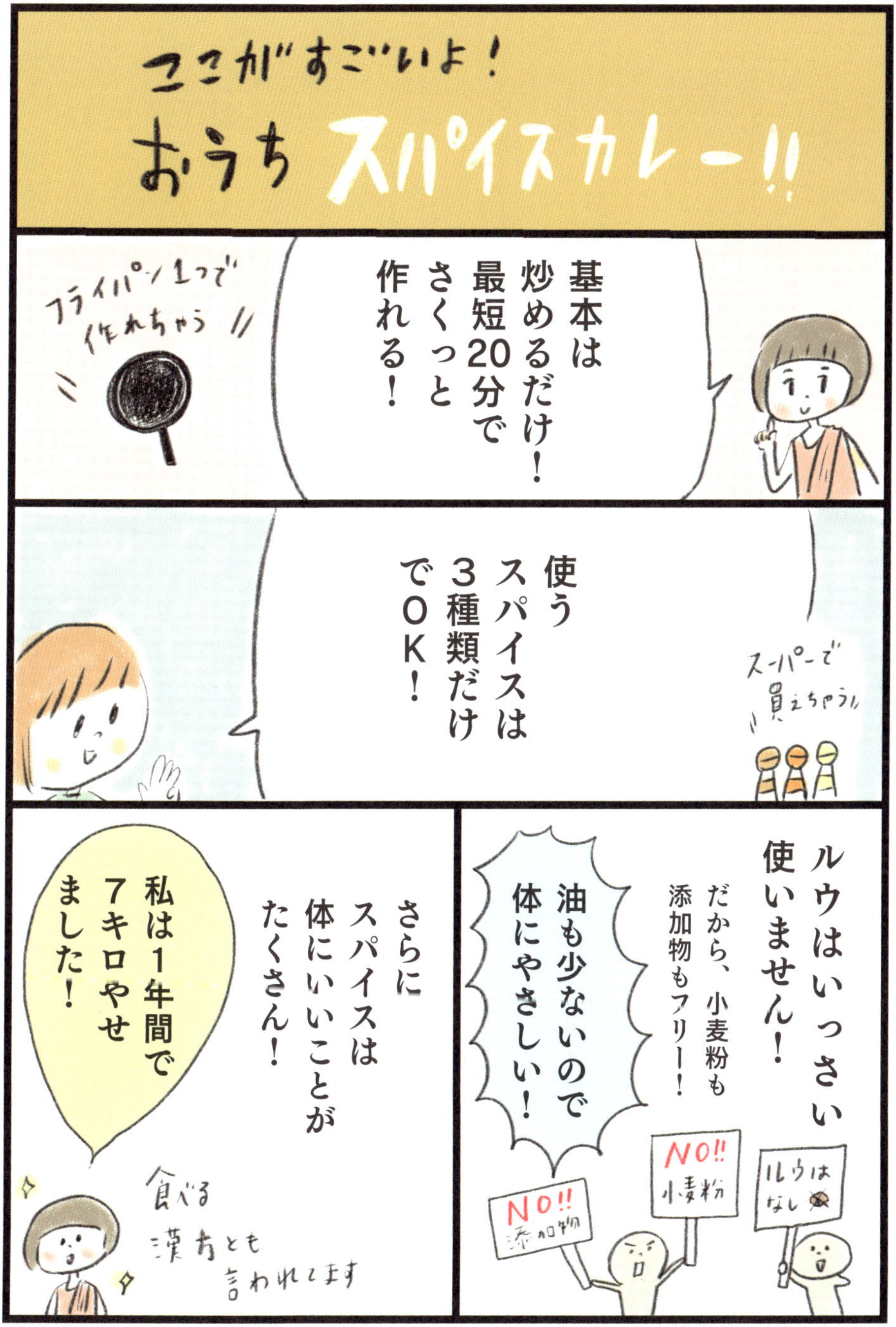
ここがすごいよ！
おうちスパイスカレー!!
基本は炒めるだけ！最短20分でさくっと作れる！
フライパン1つで作れちゃう
使うスパイスは3種類だけでOK！
スーパーで買えちゃう♪
ルウはいっさい使いません！
だから、小麦粉も添加物もフリー！
油も少ないので体にやさしい！
NO!! 小麦粉
ルウはなし
NO!! 添加物
さらにスパイスは体にいいことがたくさん！
私は1年間で7キロやせました！
食べる漢方とも言われてます

むずかしいことはいっさいなし！
３つのスパイスさえあればおうちでかんたんに、お店みたいな本格カレーがだれでも作れちゃいます！
しかも！
この本がすごいのはレシピを覚える必要がないところ！
たった３種類のスパイスと
スパイスカレーのルールを覚えれば

レシピいらず！失敗知らず！
おうちにあるものでいつでも自分好みのカレーが自由にアレンジできるようになります！
こんな人でも大丈夫！
ズボラさん
料理初心者さん
スパイスを買ったもののイマイチ使いこなせない人
さあ楽しくて自由な
スパイスカレーの世界へようこそ!!

Contents

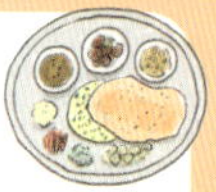

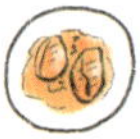

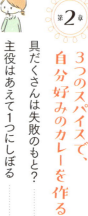

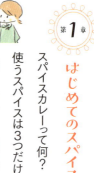

第4章 スパイスでおいしくダイエット

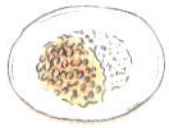

第5章 スパイスで心を体を元気にする

第6章 ちょっと特別な日のスパイスカレー

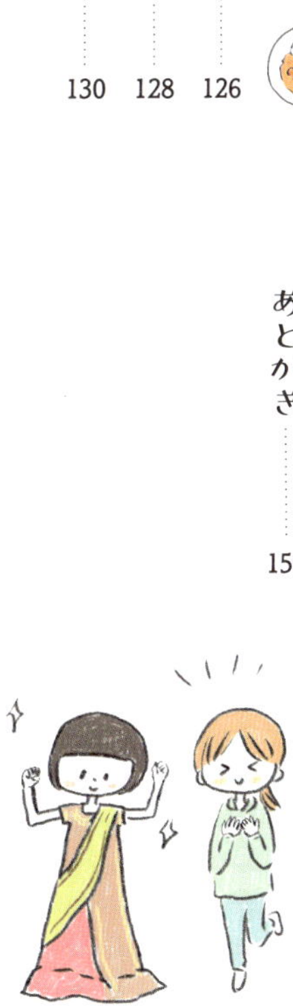

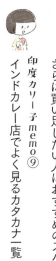

第1章

はじめての
スパイスカレー

突然ですが
このマンガの作者
こいしゆうか
私は料理が苦手だ
まずレシピどおりに作れない
えーと、ゆがく？ ゆがくって何!?
イミがわからん!!
作れたとしても味が合っているかわからないし何より見た目が……
……

沼!!
ドロ　ドロー
何作ろうと思ったんだっけ?
絶望的なまでの料理センスのなさ……
インスタ映えとか程とおくない!?
ハッ
どうせ沼になるならカレーとかいいんじゃない?
ピーン
見た目沼っぽいし
失礼

よし！
カレーを作るぞー！
ルウ
市販のルウ
にんじん
じゃがいも
玉ねぎ
豚肉
材料完ペキ
どうやって
作るんだっけ？
えーと
箱の裏を見ながら
適当に……
こんなもんかな？
なんか隠し味
入れたい
これが沼になる
原因
じっ
あ!!
ずっと昔に
なんとなく
買ってみた
カレーパウダー
とか発見！
ひさしぶり
覚えてて
くれてたっ.

いっぱい入れとこ
本格カレーのできあがり～！
じゃーーん
いっただきまーす!!
パク
……
ん—？
……
後日
ってことがあったんだよね～
友だちとピクニック中
そもそもカレーって味の正解がイマイチわからないというか……ま、別にいいんだけどね

こいしさん！今から私とカレーを食べに行きましょう！
おすすめのお店があります!!
え゛ー
またカレー!? もう作ったし、そろそろダイエットもしたいからカレーはちょっと……
いいからいいから！
ほらほら
何でー
えーしぶしぶ
グイグイ
ここです！

へー
あれ？
フワッ
なんかいい香り……
ですよね
ばーーん!!
!?
え？何これ
新種のカレー？
スパイスカレーです

ぱく
うそ!
ブワッ
!!
お、おいしい!
何この味……!!
うまく言えないんだけど
こんなカレー食べたこと
ないかも……!
スゴイ!!
これは!!
ね!
おいしさにうちふるえている
ふあ〜
おいしかったー
なんだか、おなかも
ポカポカするなあ
不思議な
感覚……

さっき食べたカレーにはにんじんやじゃがいもは入ってなかったよね
私が知っているカレーとは全然違ったけど……
あれはスパイスから作ったカレーなんです！
スパイス？
私このカレーが好きすぎて
３６５日毎日食べていて、スパイスもたくさんもっていて……

実は・・・!!
印度カリー子って呼ばれてるんです！
バッ
これは自作衣装です
!?
みんなにスパイスから作るカレーを広めたくて
ほら こーんなに!!
ネットでスパイスショップも運営しています
えーと
????
急すぎてフリーズ
でも、スパイスカレーってお店で食べるものでしょ？
いえ！ じつはお家でもかんたんに作れちゃうんです！
おうちでつくれるの？
そう!!
???

でも私みたいな料理ベタには遠い世界に感じるけど
小学生のときカレー作ったら具材が生だったし
THE料理オンチ
だ…
でも!!
大丈夫です
フライパンひとつでできるので料理が苦手な人にこそぴったりなんです！
本当に!?
えーでも
↑料理苦手なので消極的
では私の家で作ってみましょう！

スパイスカレーって何？

カリー子ハウス
マイホームへようこそ!!
さっそくはじめましょう！
着がえた
う、うん
家はふつうの住宅だった…
えーと…
じゃあ質問！
ハイ!!
やる気だな
そもそもスパイスカレーって何？
辛いってこと？

ひとことでいうと
スパイスから作るカレーです
市販のルウやカレー粉はいっさい使いません
SPICE
え!? ルウなしでカレーってできるの?
できます!
ズイ
え〜〜
絶対ムリ
でもスパイスから作るってことはむずかしいんでしょ?

ご安心を！
カリー子流
スパイスカレー
なら
市販のルウで作るよりも
少ない材料&短時間で
作れます！
体にもやさしいです
カリー子流
スパイスカレー
○スパイスから作るカレー
○ルウは一切なし
○小麦粉なし
○油は少量
まだ、なんとなくしか
イメージできないん
だけど
小麦粉
なしか
私がふだん食べている
カレーとは
全然違うってこと
だよね？

同じカレーでも全然違います!
さすがニシしさんいい質問ですね!!
日本のカレーとスパイスカレーの違い
"印度カリー子流スパイスから作ったカレー"
スパイスカレー
○スパイスから作る
○インド由来
○炒め料理
○具材少なめ
さくっと短時間
コスパも良し!!
"よくわたしたちがおうちで食べてるルゥカレー"
日本のカレー
○市販のルゥから作る
○イギリス由来(欧風)
○煮込み料理
○具材多め
時間がかかる
コスパも悪い!!

へぇ〜！
日本のカレーって
イギリス由来なんだ！
イギリス人って
カレー
食べんので？
体へのやさしさは
断然
スパイスカレー
です！
日本のカレー
市販のルウに入ってるもの
・油脂
・カレー粉
・小麦粉
・添加物
・化学調味料
粉
素材以外にもいろいろなものが入っている!!
スパイスカレー
スパイス
＋
塩
だけ！
素材をそのまま食べられる
カレーが胃もたれしやすいのって
ルウに油や小麦粉が入ってるから
なんだ！

使うスパイスは3つだけ

いろんな色のスパイスがあるんだね〜
そもそもスパイスは植物なんですよ
スパイスは、植物の色々な部位（種子・花のつぼみ・根茎・樹皮など）を食用に乾燥させたもの
そのうち、私たちになじみがあるのが
粉末状にした
パウダースパイス
スーパーや100均にもある!!
スパイス自体に味はなく、種類によって
・香りづけ
・色づけ
・辛みづけ
などの役割りがあります!!
スパイスって植物なの!?

へ〜、
でもこんなにたくさん買うとかムリだよ〜
めんど〜 覚えられーん
どこに売っているかもわからないし
用意するスパイスは3種類だけでOKです！
パァァァ
ほら!! カンタンですよ
え!?
スーパーのスパイスコーナーで買えます
あのカラフルな
3つでいいの？
うわー

パウダースパイス
買うのはこの3つでOK!!

スーパーなどで
販売して
ます!!

エスニックな香り

クミン

日本人になじみのある
「カレーらしい香り」
と言えばこれ！
入れるだけでカレーっぽくなる。
植物の種の部分。

カレーの色づけ

ターメリック

別名ウコン。
カレーの色づけをする。
土のような香りで、
入れすぎると臭みが出るが、
入れないと深みがでない。
縁の下の力持ち。
植物の根の部分。

さわやかな香り

コリアンダー

さわやかな香りで個性のある
スパイスをまとめる役割をもつ。
パクチーの種。

クミン
ボーカル
コリアンダー
ギター
ターメリック
ベース
バンドで例えてみた!!

あれ？ そういえば
メモった
この3つって全部辛いの？
あ、辛いのお好き？
いえ！ 辛くないです 辛みをつけるスパイスはこの2つだけです
辛いのがスキな人はこれを加えるとgood!!
・チリペッパー
唐辛子のこと
・ブラックペッパー
黒コショウのこと
スパイスカレーって辛いんじゃないの？
？
よくあるかんちがいで
じつはこの2つを入れなければまったく辛くないんですよ！

スパイスカレーには何が入っているの？

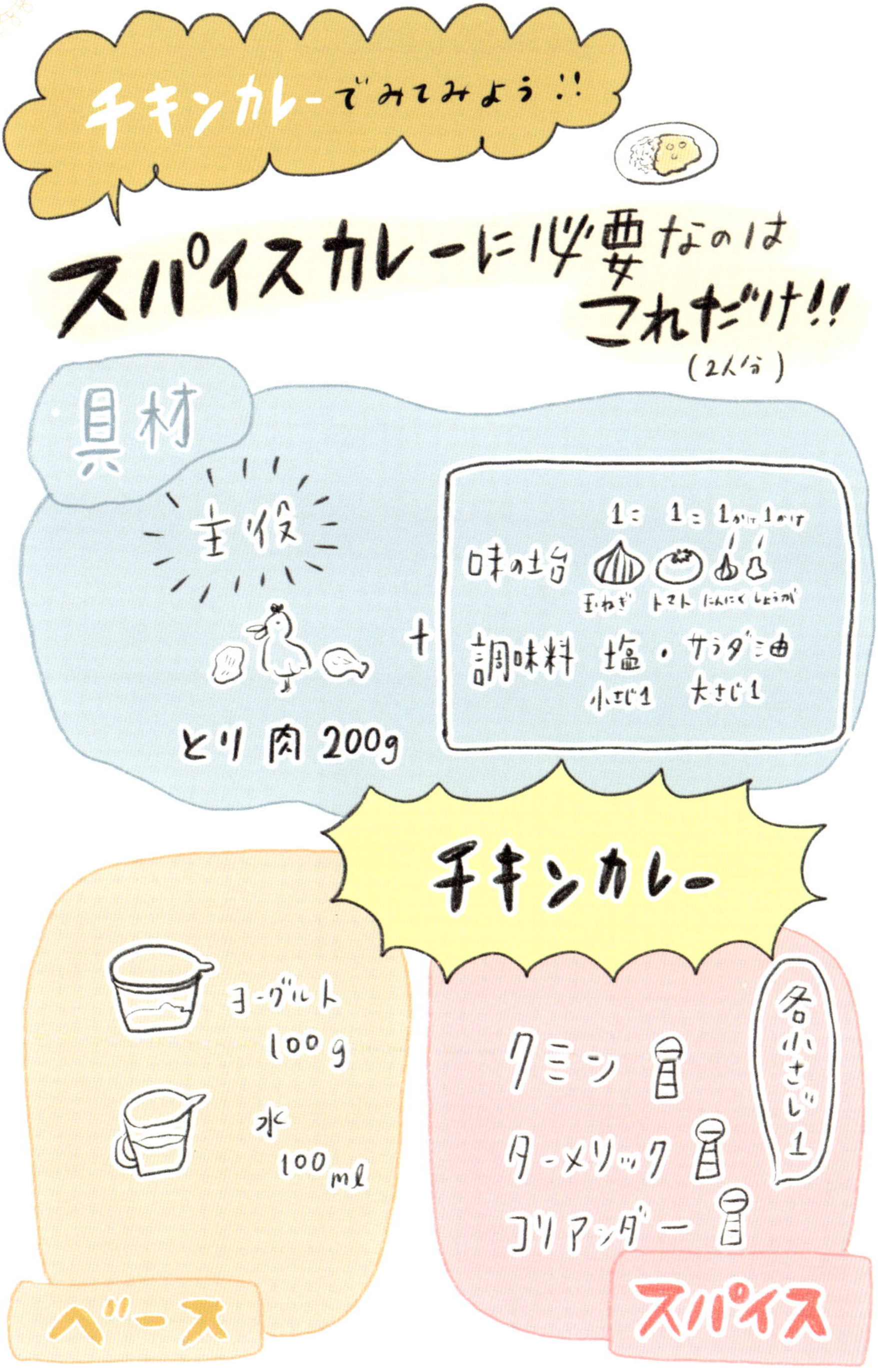
チキンカレーでみてみよう!!
スパイスカレーに必要なのはこれだけ!!
(2人分)
具材
主役
とり肉200g
+
1こ 1こ 1かけ 1かけ
味の土台
玉ねぎ トマト にんにく しょうが
調味料 塩・サラダ油
小さじ1 大さじ1
チキンカレー
ヨーグルト 100g
水 100ml
ベース
クミン
ターメリック
コリアンダー
各小さじ1
スパイス

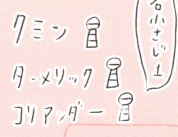

基本のチキンカレーを作ってみよう

調味料は塩と油だけ！
小さじ1 塩
大さじ1 サラダ油
のみ！
次はベース
?
ベース？
カレーの液体になる部分！何を使うかであっさりかこってりかが決まります
じゃーん♪
今回は手軽なヨーグルト100g
ヨーグルト？
えー！
それだけでいいんだ へー♪
あとは水が100mlあればOKです♪
そして大事な3つのスパイス！
クミン
コリアンダー
ターメリック
全部「小さじ1」で覚えてOK!!
カンタンでしょ!!
辛いのが好きな人は＋α
チリペッパー
小さじ1/2＝中辛
全く入れない＝辛みゼロ
辛さはお好み

調理アイテムと手抜きテクニック

スパイスカレーは炒め料理なので下準備が命！材料は全部切っておきます
切るのもめんどくさいんだよな〜
そんなときは切る時間を短縮！
あると便利なアイテム
チョッパー（みじん切り器）
スライサー
玉ねぎはこれでもOK
オニオンソテー
炒め玉ねぎペースト
70g
or
冷凍みじん切り玉ねぎ
200g
私も手動のチョッパーを愛用！（1000円程）数十秒で玉ねぎのみじん切りが完成します！
トマト手抜きテク
ホールでもOKですがカットの方が早く炒められるのでおすすめ
トマト1こ=200gと考えればOK!!
トマト缶
200g

しょうがとにんにくって普段あまり使わないんだけど
ハワワワワ
1かけって何？
かけそうにもない形をしてるよ!!
落ちついて！
しょうが 1かけ
＝
親指の第1関節
こんくらい
にんにく 1かけ
＝
1かけ
へ〜
です
にんにく・しょうが 手抜きテク
・にんにくチューブ
・しょうがチューブ
でもOK
どちらも3センチくらい
にんにく
しょうが
チューブでもいいんだ!!
スゲー
時短できます！

まずは下準備
カットはこれだ!!
まあざっくりで
意外とカンタン!?
POINT!!
玉ねぎは小さく切るほど
炒める時間が
短くなる!!
玉ねぎ
みじん切り
とりのもも肉
食べやすい
一口
サイズで
トマト
ざく切り
にんにく・しょうが
細かく
きざむ
ぜんぶ切れたら準備OK!

これだけ覚える基本の5ステップ

1

サラダ油をひき、強火で玉ねぎ・にんにく・しょうがを約10分炒める

玉ねぎがこげ茶色になるまで！

2

トマトを入れて約2分炒める

Point
トマトは木べらで実をつぶしてペースト状にする

3

弱火にして、3つのスパイスと塩を各小さじ1入れて約1分炒める

Point
スパイスはこげやすいので注意！

4…5

中火にして、主役の具材（とりもも肉）と水を入れる

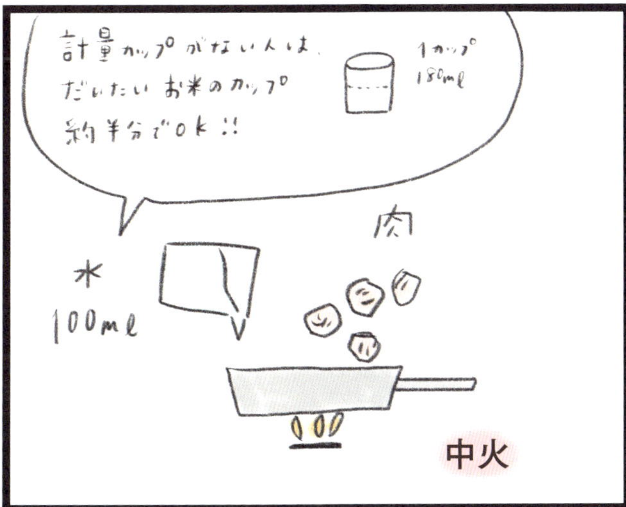
計量カップがない人は、だいたいお米のカップ約半分でOK!!
1カップ 180ml
水 100ml
肉
中火

ベース（ヨーグルト）を入れてよく混ぜる。沸騰したら弱火にし、フタをして約10分煮込む

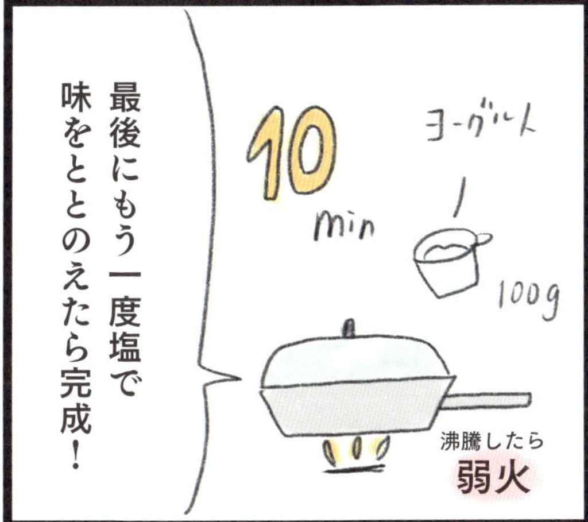
最後にもう一度塩で味をととのえたら完成！
10 min
ヨーグルト
100g
沸騰したら
弱火

塩を入れるタイミングは2回です！私のレシピでは、どのカレーもこの5ステップの流れは一緒です！
覚えておきましょ!!
ハーイ!!

では、こいしさん やってみましょう
エプロン貸します
できるかなあ
失敗したら やだなぁ
まずはさっき切った材料を
順番に炒めていきます
トマトカット
玉ねぎカット
にんにくカット
しょうがカット
油をひいて
玉ねぎ、にんにく、しょうがを投入！
ジャー
ラララ…
こいしさんカレーたのしみ♡
強火だと
玉ねぎがこげないか心配……！
おそれずにガンガン炒めましょう！
10分炒めて!!

しっかり炒めると
コクが出ます
玉ねぎは
あめ色になるまで
と思っている人が
多いですが、
焦げてもいいので
それ以上炒めます！
え！
何色に
なれば
いいの？
玉ねぎの色は
これぐらいの
こげ茶色が目安です
次にトマトを投入！
実をつぶすようにっと
まだ強火
約2分炒めて
ペースト状になったら

スパイスと塩を投入！
全部小さじ1です
弱火で
こげないように弱火で
1分炒めましょう！
そして中火にして
肉と水を入れるっと
フム…
水分が加わったら
だんだんカレーっぽく
なってきた！
ベースの
ヨーグルトを
入れて混ぜる
ヨーグルト
沸騰したら弱火で
フタをして
10分待つだけだ！

10分後
味見しよ
パク
んー？　なんかまだ　ちょっと味がうすいかな？
スパイス足せば　いいよね
こっそり
ちょっと待った!!
スパイスは味じゃなくて　香りです！　入れても　味は変わりません！
ゲ
バレた
じゃあ　どうすれば　……？
味を変えるのは　塩です！

じつは、おいしいスパイスカレーには塩が命！
これが大事
どーん！
スパイスの香りや味のコクは、すべて塩によって引き立てられるんです！
最後に味見をしながら、塩で味をととのえます
目安はひとつまみほど
サラー
味見をして、もの足りないと感じなくなるまで少しずつ入れましょう
本当だ！
塩を入れたら味が変わった!!
塩だけでこんなに変わるなんて！

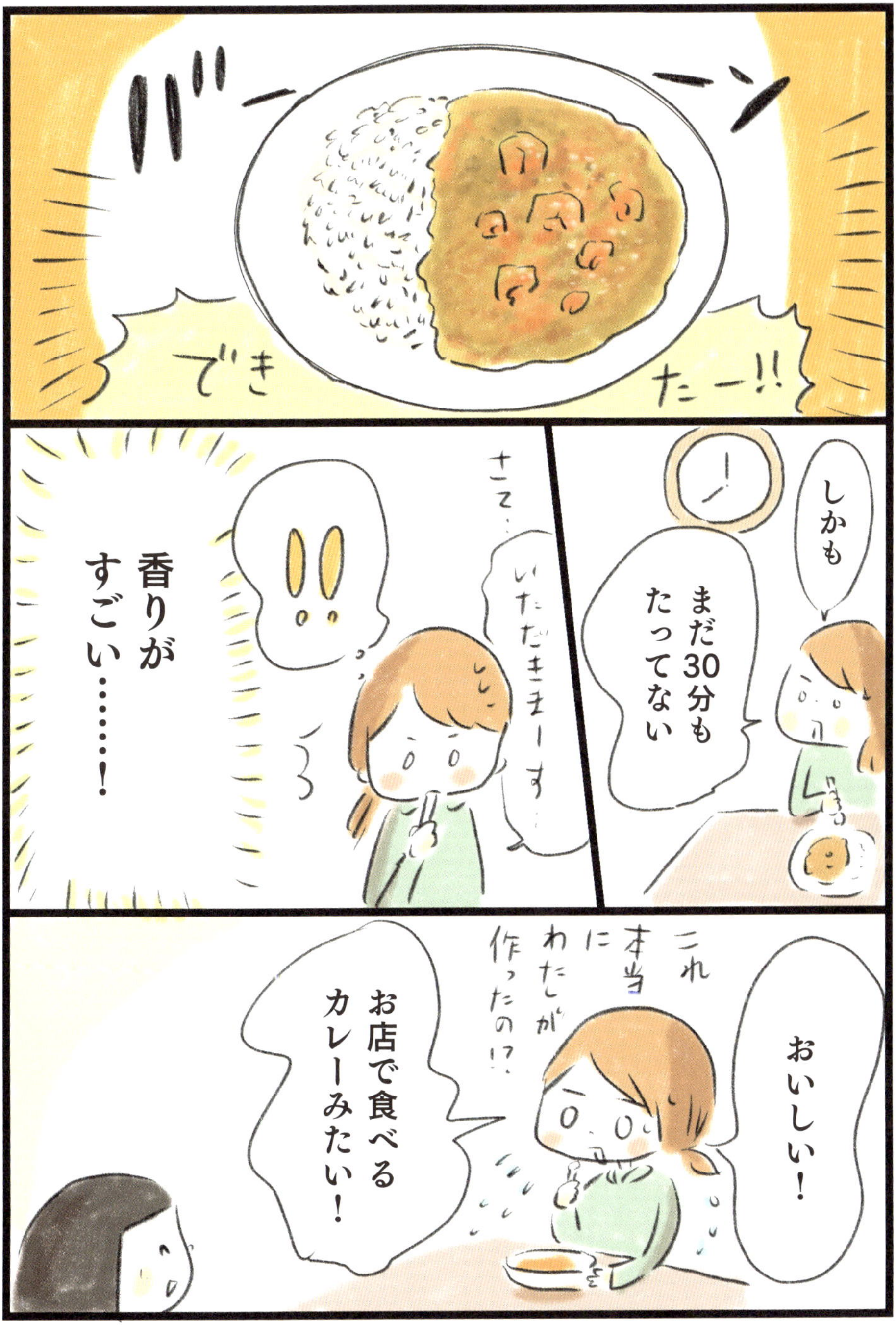
バーン
できたー!!
しかも
まだ30分もたってない
さて…
いただきまーす…
!!
香りがすごい……!
おいしい!
これ本当にわたしが作ったの!?
お店で食べるカレーみたい!

カラ…
ふ～
無限に食べられそう～！
濃厚なのに重すぎなくて元気になる味だね！
ほんとにおいしかった!!
基本は「切る」と「炒める」だけなので
料理が苦手な人でも失敗せずにおいしく作れるのもポイントです
たしかに
料理オンチな私でもこんなにかんたんに作れるとは！
はっ
初スパイスカレー
写真撮るの忘れた！
しまったー
撮っておきました！
フフフ
これでこいしさんもカレー沼にハマるかな
フフフ

印度カリー子 memo ①

こんなに違う！　スパイスカレーと日本のカレー

「スパイスからカレーを作る」と聞くと、むずかしそうに感じる人も多いですが、じつは**市販のルウから作るよりも使う材料が少なく、調理時間も短いです。**

インド由来のスパイスカレーは、少ない種類の具材をスパイスで炒める**「炒め料理」**。スパイスは加熱しすぎると香りが飛んでしまうので、短時間で仕上げるのがポイントです。1回に使うスパイスは３種類から多くても10種類ほど。

一方、日本のカレーは欧風カレーという分類で、インドではなくイギリスからきたもの。小麦粉でとろみをつけて、いろいろな野菜や肉などのダシを使って長時間煮込む**「煮込み料理」**です。数十種類のスパイスを混合したカレー粉を使います（ルウはそれらを保存料などと一緒に固めたもの）。

カレー粉はインド植民地時代のイギリスが、自国でもかんたんにカレーを作れるように商品化したミックススパイスで、インドではあまり使われていません。カレー粉ひとつで日本のカレーは作れても、インドのカレーは作れないのは面白いですよね！

ちなみに、近年大阪でブームとなっている「大阪スパイスカレー」はさらに進化した新しいジャンルです。ルウを使わないのは一緒ですが、インドでは使われないダシや日本食材などを使い、店ごとに独自にアレンジした創作カレーを指します。スパイスの使い方もお店によってバラバラで、型にはまらないスタイルが人気の理由とも言えるでしょう。

スパイスカレーのおいしい食べ方

「スパイスカレーにはナンですか？」とよく聞かれますが、ベストはお米。この本のレシピは油が少量であっさりしているので日本米と相性が良く、毎日の食事で手軽に食べることができます。気分を変えたいときは玄米もいいですね。

インド風にしたいときは、バスマティライスという長米もおすすめ。水気が少なくパラパラとした食感で相性抜群。残念ながらスーパーでは売っていませんがネットで購入可能です。炊き方はやさしく水で洗って、いつもの1.2倍の量の水を炊飯器に入れれば OK。

ちなみに、ナンは発酵させた生地を専用の窯で焼く必要があるので、じつはインドの一般家庭ではあまり出てきません。

印度カリー子 memo ②

「スパイスカレー＝辛い」はウソ⁉

スパイスは種類によって、香りづけ、色づけ、辛みづけなどの役割があります。スパイシーという言葉のせいか、「スパイス」＝「辛い」と思っている方が多いですが、スパイスすべてが辛いわけではありません。

世界には約500種類ものスパイスがあると言われていますが、カレーによく使われるスパイスは10種類ほど。そのうち**辛みをつけるスパイスは、たった2種類しかありません！**

それが**チリペッパーとブラックペッパー**、日本名にすると唐辛子と黒コショウです。**この2つを入れなければ、全く辛くないカレーを作れます！**

これらの辛みのスパイスは、基本の3つのスパイスを入れるときに同時に入れても、完成してから最後にお好みで入れてもOKです。

ご家族や友人同士で辛さの好みが違うとき、市販のルウだとはじめに辛さを決めなくてはなりませんが、**スパイスカレーならそれぞれ好きな辛さに調整できます**。辛いのが苦手な人でも楽しめるのがスパイスカレーのいいところ。

ちなみに、同じ唐辛子でもチリペッパーのほかに「カイエンペッパー」「レッドペッパー」という名称のものもありますが、これは品種の違いです。日本で出回っているものはあまり辛みに違いはないので、どれを選んでも大丈夫です。（※）

（※メーカーによって分類が異なる場合もありますが、基本はチリペッパーが粉末唐辛子の総称、カイエンペッパーはカイエンというある特定の唐辛子の品種を指しています）

辛さは鍛えられる?

カレーに使う辛みのスパイスは２種類ですが、それ以外にも世界には色々な辛さの種類があります。

辛さの種類

・チリペッパー ………ヒーハーする熱い辛み
・ブラックペッパー …ひりひりする辛み
・ワサビ ………………つーんとする後に残らない辛み
・花椒…………………ビリビリする舌に残る辛み

これらの辛みは味覚のひとつだと思われがちですが、じつは舌が味を感じる部分（味覚センサー）と辛みを感じる部分（辛みセンサー）は別々の場所にあります。

この辛みセンサーは、刺激を受けると２～４日ほどマヒします。もし毎日食べ続けると、ずっとマヒしたままなので、だんだん辛みに鈍感になっていきます。つまり、**今は辛いものが苦手な人でも、食べ続けると辛さに慣れることは可能なのです！**

ちなみに、この辛みセンサーは舌以外に消化器官にもあると言われていて、43℃以上の熱いものにふれても反応します。辛いものを食べると汗がとまらなくなる人がいますが、これは体が勘違いをして体温を下げようとしてしまうのではないかな、と私は考えています。熱くて辛いものを食べると、いっそう辛く感じることがありますが、これは熱さと辛み成分のダブルで辛みセンサーを刺激しているからです。

強い辛みを感じたら、舌の温度を下げて辛み成分を取り除くのが一番です。唐辛子に含まれているカプサイシンという成分は、脂質に溶けやすい性質があるので、冷たい**ヨーグルトや牛乳などの乳製品**は辛さをやわらげるのにおすすめです。インドではラッシーというヨーグルトドリンクがよく飲まれますが、これも効果抜群です。一方で水には溶けづらいので、水を飲んでもあまり効果はないのでご注意を！

印度カリー子 memo ③

隠し味はいらない！　スパイスカレーの命は「塩」

カレーを作るときに「隠し味」を気にされる方が多いのですが、**スパイスカレーには、隠し味はいっさい必要ありません**。

しょうゆやソース、コンソメなどは、色々なダシや味、香りが調合されています。これらを入れてしまうと、スパイスの香りを邪魔してしまい、おいしくなくなります。基本的にスパイスカレーの**味つけに使うのは塩だけ！**

そもそも隠し味という発想は、さまざまな調味料によって全体の味の調和を重視する煮込み料理＝日本のカレーならではのものです。

「味がなんかもの足りないな」と思うときは、たいてい塩不足。少し足してあげるだけで、味がぐっとひきしまります。**スパイスの香りの良さも、味のコクも、すべて塩によって引き立てられる**のです。まさに塩はスパイスカレーの命！

よく「どの塩を選べばいいですか？」と聞かれますが、スーパーに売っているお好みのものでOK。

塩は入れるタイミングが2回あるのがポイントです。

1回目は3つのパウダースパイスを入れるときで、小さじ1加えます。ここでの塩は、そのあと入れる具材（肉・魚など）に味をしみこませるために入れます。

2回目は一番最後に加え、カレー全体に味をつける役割をします。ベースの量が少ない場合は加えないこともありますが、通常のカレーの目安はひとつまみ程。味見をしてもの足りないなと感じたら、さらに少しずつ足していきます。塩だけでおいしくできるのは、スパイスカレーの魅力とも言えます。

スパイスは味ではなく香りです。たくさん入れたからといっておいしくなるわけではないのです。

第2章

3つのスパイスで、
自分好みの
カレーを作る

具だくさんは失敗のもと？

ちょっと味見しよっと
パク
……
ん？
ビミョー
なんか味がイマイチというかボヤッとするというか……ちゃんと順番通りに作ったんだけどな
やっぱこういうときはスパイスが足りないんじゃ……！
よし！ もっとほかのスパイスも入れてみよー
実はいろいろ試しに買ってみたんだよねー
スチャッ
ん〜〜
でもビミョゥ
なんでーー

主役はあえて1つにしぼる

主役は……
勇気をもって!!
1つです
では、私がレシピがなくても食べたい食材で
カリー子直伝!!
自分好みのカレーを作れるようになる魔法のルールを教えます!
1章の復習
スパイスカレーの構成
主役 × ベース × スパイス
固定!
変えても味に変化なし
これの選び方が大事

自分好みのカレーのルール 1

1. 主役を決める

まずは食べたい**主役**を決めます 1〜2こまで！

2人分の目安は200g もしくは食べやすいサイズに切ってお茶碗1杯分！だいたいでOKです

食材のアイデア

肉

脂身が多いほどこってりに

とり
- もも肉 → しっとり
- 手羽元 → しっとり
- むね肉 → あっさり

ブタ

- ばら肉 → しっとり
- もも肉 → あっさり

など

魚 

生
エビ、サーモン、ブリ、タラなど

ラクしたい!!
サバ缶、ツナ缶、冷凍シーフードミックスなど

豆
ひよこ豆、レンズ豆、大豆、ミックスビーンズ、サラダ豆など。缶づめでOK

野菜
キャベツ、オクラ、ナス、春菊、ほうれん草、かぼちゃなど。なんでもOK

自分好みのカレーのルール2
2. ベースを決める
次に液体部分になるベースを1つ決めます
どれを選ぶかで「あっさり」か「こってり」かが決められます！分量は2人分で100mℓです
あっさり
こってり
何もなし
牛乳
ヨーグルト
ココナッツミルク
生クリーム
単位は 100ml = 100g と考えて OK!
この中から 1つで いいんだ！

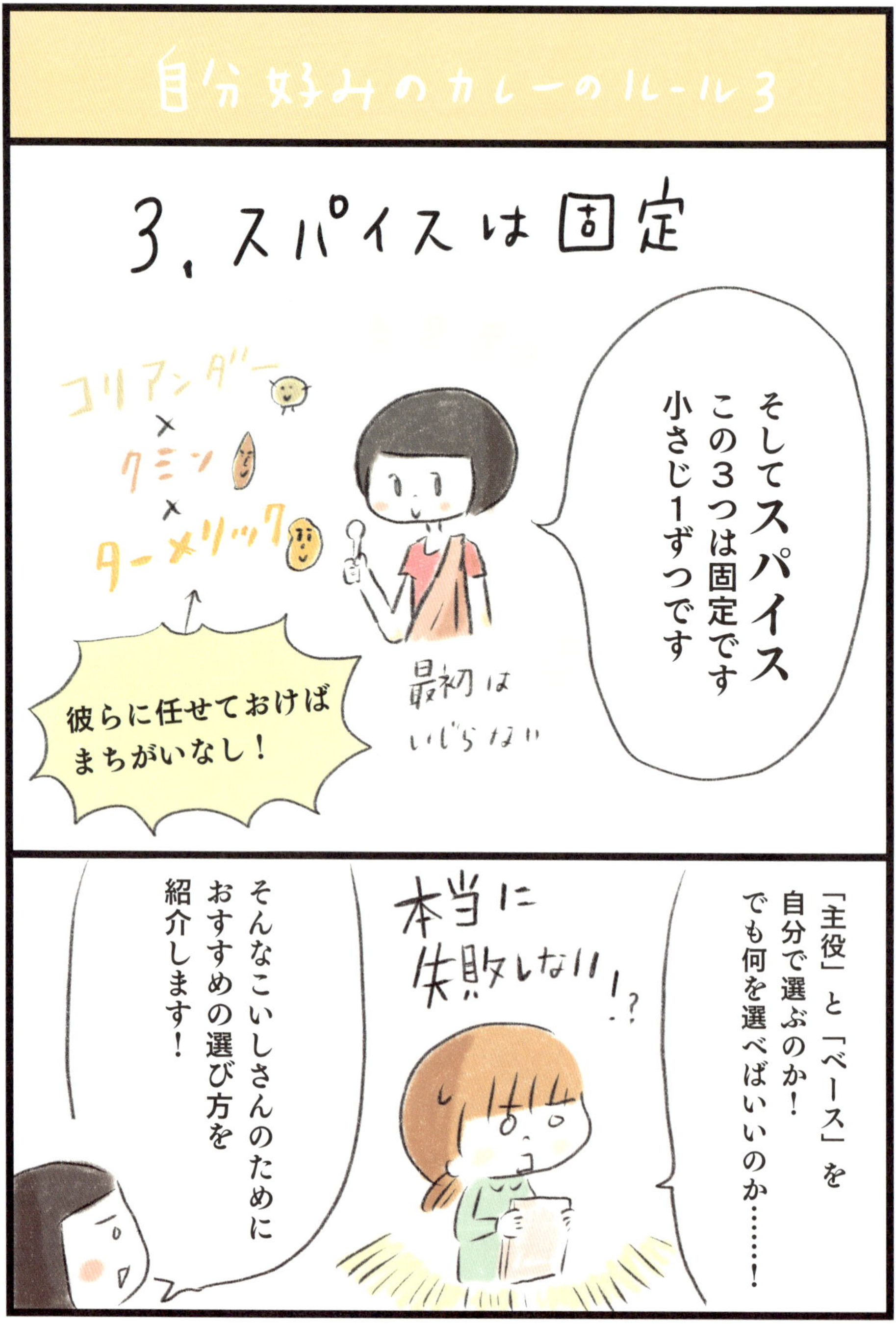
自分好みのカレーのルール3
3, スパイスは固定
そしてスパイス
この3つは固定です
小さじ1ずつです
コリアンダー
×
クミン
×
ターメリック
最初はいじらない
彼らに任せておけば
まちがいなし！
「主役」と「ベース」を
自分で選ぶのか！
でも何を選べばいいのか……！
本当に失敗しない！？
そんなこいしさんのために
おすすめの選び方を
紹介します！

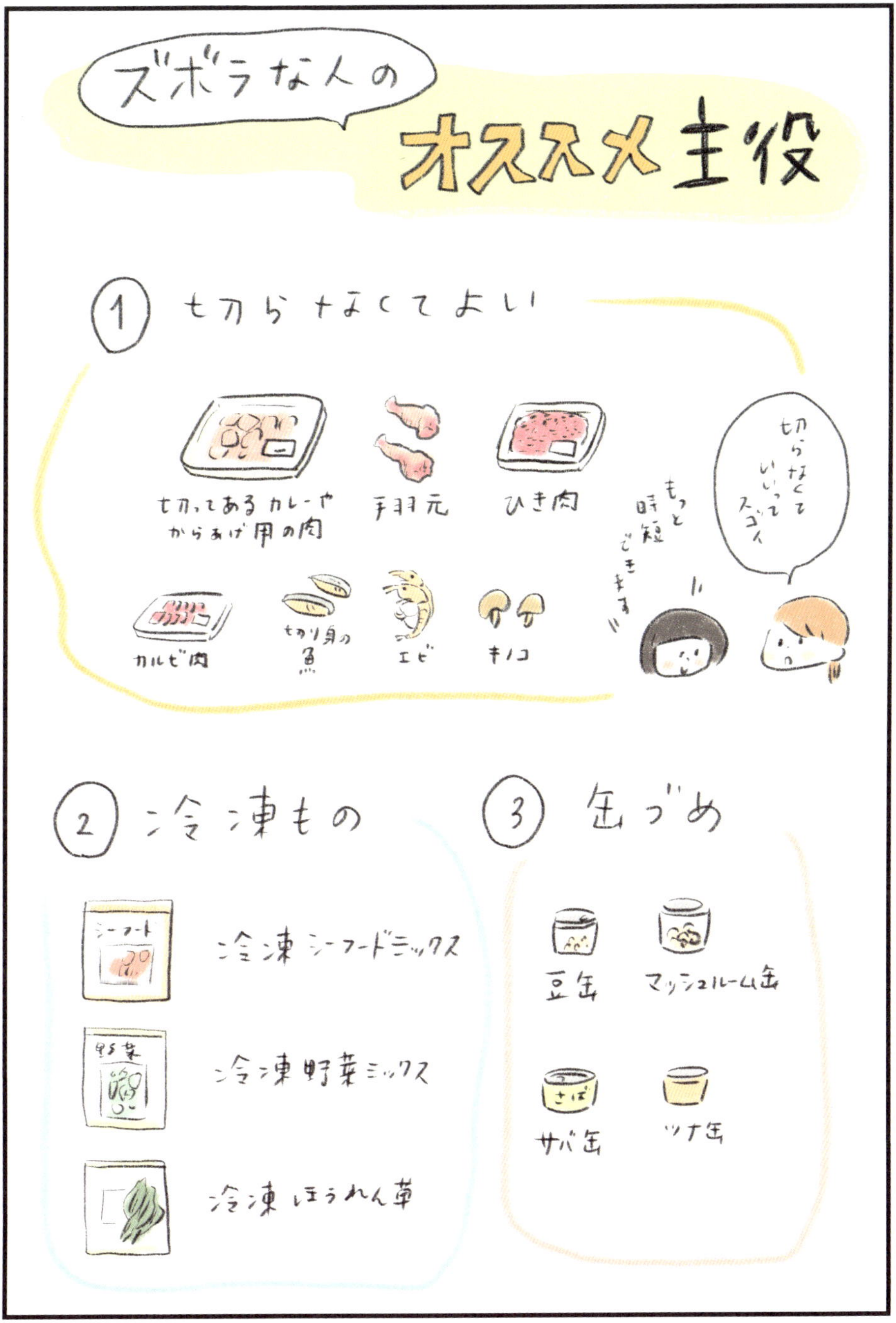
ズボラな人の
オススメ主役
① 切らなくてよい
切ってあるカレーや
からあげ用の肉
手羽元
ひき肉
切らなくていいってスゴイ
もっと時短できます
カルビ肉
切り身の魚
エビ
キノコ
② 冷凍もの
シーフード
冷凍シーフードミックス
野菜
冷凍野菜ミックス
冷凍ほうれん草
③ 缶づめ
豆缶
マッシュルーム缶
さば
サバ缶
ツナ缶

主役×ベースのコツ

「主役」と「ベース」は、基本は何を組み合わせても OK ですが
迷ったときはこの２つに気をつけると、うまくいきます！

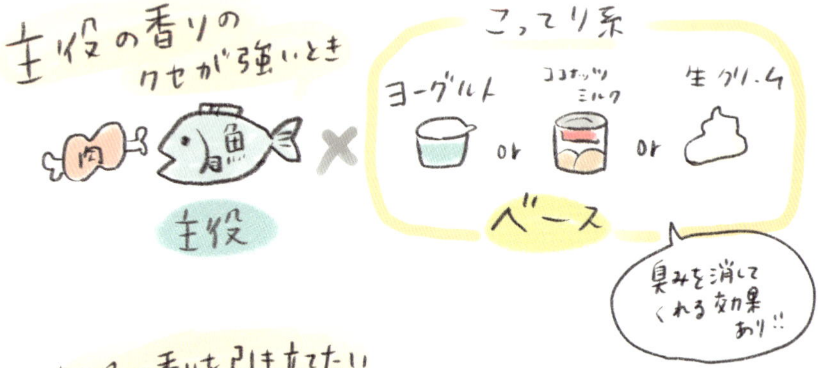

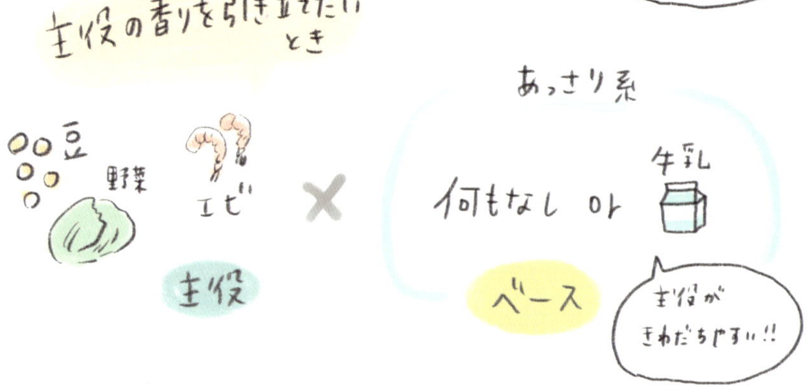

ちなみに、きのこや葉野菜など
主役の具材に水分が多いときは
炒めた時にも水分が出るので
ベースは水分が少ないものが
おすすめです

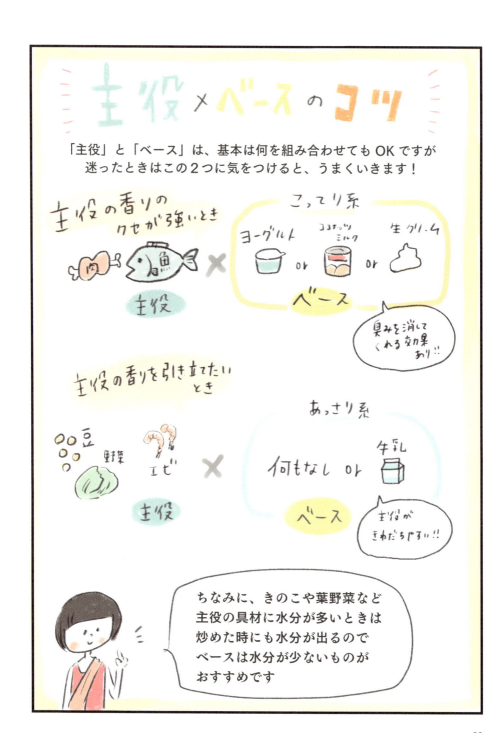

「主役」と「ベース」が決まったら作り方は前回と一緒！
基本の5ステップをおさらいしましょう
前回のおさらい
STEP 1 玉ねぎ・にんにく・しょうが 強火で10分炒める
STEP 2 トマトを炒める
STEP 3 スパイスと塩を入れる
STEP 4 主役と水を入れる
変えるのはここだけ!!
STEP 5 ベースを入れて、フタをしてにこむ

これだけ覚えたら自分好みの
カレーがつくれます！（2人分）

食べたいものをえらぶ（1～2こ）

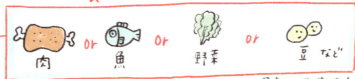

肉 or 魚 or 野菜 or 豆 など

各200gか食べやすいサイズにカットしてお茶碗1杯分

×

あっさりかこってりか、この中から1こえらぶ

水100ml＋

何もなし or 牛乳 or ヨーグルト or ココナッツミルク or 生クリーム

あっさり ⟷ こってり

各100ml（g）

玉ねぎ 1こ ＋ トマト 1こ ＋ にんにく しょうが 各1かけ

クミン・コリアンダー・ターメリック

各小さじ1

塩 小さじ1・サラダ油 大さじ1

チリペッパー

小さじ1＝辛口 小さじ$\frac{1}{2}$＝中辛
なし＝辛みゼロ

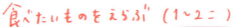

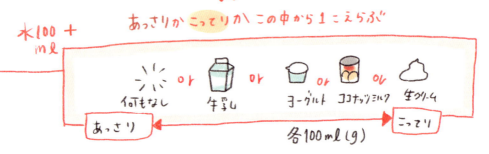

自分好みの カレーのルール

ここを自分の好みで決める

主役

×

ベース

固定の具材

スパイス3種

調味料

辛さはお好み

作れるカレーは無限大!!

余っている食材が、主役に大変身！

カレーに理屈はありません！
おいで
カレー
カモーン
どんな切り方でもカレーは受けとめてくれます！
キラーン
ってか、料理教室行ってたんですね
う、うん……
なのに沼になるって……
それ以上言わないで!!
ふつうに傷つくから!!
あとは前回作ったチキンカレーの基本の５ステップと一緒です！
気をとりなおして

①サラダ油をひき、切った玉ねぎ にんにく、しょうがを 強火で10分炒める
玉ねぎがこげ茶色に なったら
②トマトを入れて 2分炒める
③弱火にして 3つのスパイスと 塩を入れて 1分炒める
ここまでは前回の チキンカレーと同じですが 今回は 「主役」と「ベース」が 変わります
他は固定
えーっと なんだっけ?

④主役の具材と水を入れる
前回はとり肉だったのをキャベツに！
主役！
⑤ベースを入れて煮込む
前回はヨーグルトでしたが今回はココナッツミルクでもっとこってりに！
⑤で煮込むとき前回はお肉だったので10分でしたが
10 min
野菜は煮込むと水分が出やすいので1分炒めるだけでOKです
1 min
1分でいいの？

野菜のカレーは早いので同時にもうひとつ作りましょうか！
さっき冷蔵庫にあった
オクラにします！
オクラの味を引き立てたいのでベースに何も入れず水もなしにしましょう
水もなし？
同じ手順で玉ねぎ、にんにく、しょうが、トマト、スパイス、塩をどんどん炒めていきますベースは水を含めてなしで！
そして主役のオクラを入れて1分炒めます
水とベースはなくてもいいのか
むむ
そうです!!

今回は少し辛くしたいのでチリペッパーを少々
チリペッパー
塩ー
最後に塩で味をととのえたら完成！
へ？
もう？
これでいいの？
はい！
ごはん準備しますね
2つもカレー作ったのにまだ30分もたってないよ！
水入れていないしカレーっていうかオクラのカレー炒めみたいだね

野菜は水分が多いので
水なしでも大丈夫です
ぶっちゃけ
どっちでもいいです
入れなくてもカレーです
おいしいです
本当に?
うたがいのまなざし
そういえばどっちも
使ったスパイスは同じ
3つだけだね
チリペッパー合わせたら
4つだけど
本当にちゃんと
できてるのかな……?
初心者でも
味はわかるよ
もり もり
いいから食べて
みてください!

キャベツカレーとオクラカレーの完成!
2種類あいがけで華やか〜!
ワンプレートカレー♫
キャベツカレー
オクラカレー
いただきまーす
ぱく
ん!!
ココナッツベースすごい!こってりまろやか!
キャベツ甘〜
オクラもおいしい〜

!!
オクラ!!
バン
バン
バン
だ、大丈夫ですか？こいしさん！オクラの方はどうですか？
ぶはっ
オクラとトマトの酸味がめっちゃ合う！2つとも全然違うカレーだね!!
キャベツもオクラもそのもののうまみが引き立っててびっくり！
キャベツ
オクラ
使うスパイスは同じ3つなのにまったく違う味のカレーが楽しめるなんて！

スパイスって本当に味じゃないんだね
実はまだうたがってた
そうです
スパイスは香りです
このルールを使えばレシピがなくても好きな食材で
自由にアレンジできちゃいます！
カレーの概念が変わっちゃうね
「今日はスパイスカレーを食べよう」じゃなくて「今日はこの食材を食べたい」でおいしいカレーは作れる！

そうなんです！
こいしさん!!
バン!!
クミン・ターメリック・コリアンダーの３つがあればどんな食材だって主役になります！
今回は
キャベツが主役
スパイス３種に任せて
「主役」と「ベース」の組み合わせで作れるカレーの種類は無限です！

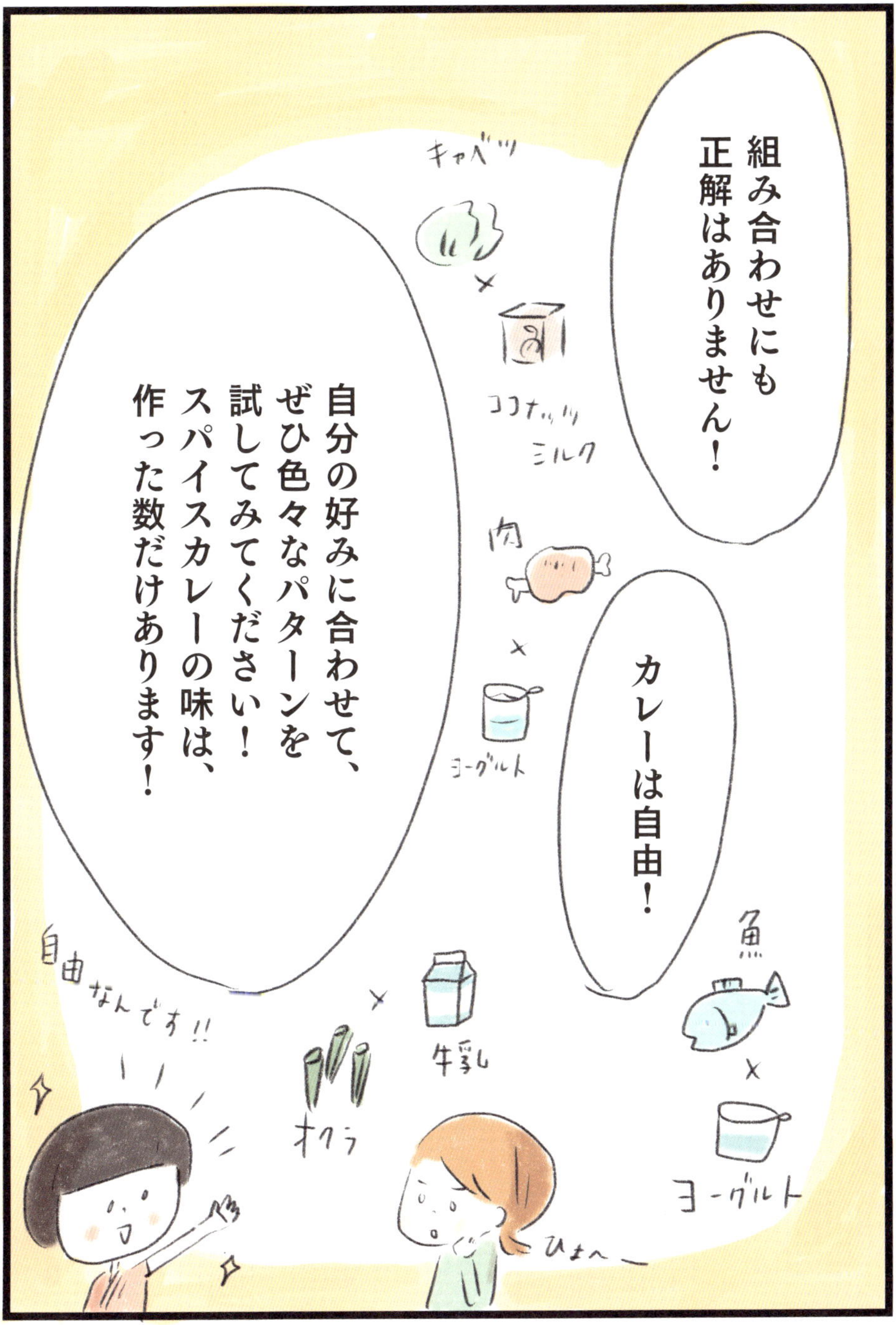
組み合わせにも正解はありません！
キャベツ
ココナッツミルク
肉
ヨーグルト
カレーは自由！
自分の好みに合わせて、ぜひ色々なパターンを試してみてください！スパイスカレーの味は、作った数だけあります！
魚
ヨーグルト
牛乳
オクラ
自由なんです!!
ひぇ〜

がむしゃらにスパイスを入れることがスパイスカレーじゃないのか～
カラッ
カレーの個性は主役とベースの組み合わせ次第……
はっ！
だから食材をたくさん入れたときは味がぼやっとしてたのか！
主役だれー？
モヤっ
こんな状態
あ゛ー！
ど、どうしました？こいしさん
今腑に落ちました
すまんな
たたん
スパイスは脇役か
こいしはレベルが1あがった

印度カリー子 memo ④

最短10分！　忙しい日の時短テクニック

その手軽さから、一人暮らしの自炊料理にもぴったりなスパイスカレー。基本の作り方でも十分短時間でできますが、時間のない日でもパパっと作れるように、さらに時短できるコツを紹介します。

①材料を、切らなくていいものにチェンジ！

固定の材料をオニオンソテー、トマト缶、にんにくチューブなどに代用してみましょう。もちろん生の方が香りはいいですが、切る時間がぐんと短縮できます。

主役の具材も、缶づめや冷凍食品などそのまま入れられるものを選べば、まな板と包丁を使わずに済みます。

②主役の具材を、火が通りやすいものにチェンジ！

すべての材料を炒め終わって最後にフタをして煮込む際、お肉は約10分、野菜はフタをせずに1分でしたが、つまり**ここでの時間の目安は火が通ればOK**。時間がない日は、**主役の具材をサイズが小さいものや、火が通りやすいものにする**だけで時短になります。

野菜以外にも、ひき肉などの小さいお肉やエビ、貝などであれば約5分で済むのでおすすめです。

つくりおきにも便利！　保存のテクニック

この本では分量を2人分に設定していますが、時間のあるときに多めに作っておいて、つくりおきするのもおすすめです。

作って2～3日以内に食べるなら冷蔵保存、それ以上保存したい場合は冷凍保存がおすすめ。**冷凍なら1ヶ月ほど保ちます**。清潔なタッパーに入れて冷凍しておけば、食べるときに電子レンジでチンすればOK！

また、材料のストックにも冷凍が役立ちます。特に便利なのが、ベースでよく使う**トマト缶やココナッツミルク缶**。これらはスーパーによくあるものは1缶400gで、開けてしまうと使い切れないことが多いです。そこで、1回に使う量は100gなので、余った300gは3等分にしてタッパーに入れて冷凍しておけば、次使うときも楽ちん！　余ってしまう心配もありません。

印度カリー子 memo ⑤

毎日スパイスカレーが飽きない理由

スパイスカレーと出合ったのは大学１年生のころ。インドカレーが好きで週に３～４回は外食しているという姉のために、作ってあげたいと思ったのがきっかけでした。

ネットや本で調べて手探りで作ってみたら、とてもかんたんなのに、本格的な味に仕上がってびっくり。玉ねぎ、にんにく、しょうが、トマトを炒め、塩を入れるまでは何の変哲もない食材なのに、そこにスパイスが数種類加わっただけでカレーになったことに衝撃を受けました。

そこから自分で色々な食材を試すうちにその楽しさにすっかりハマり、気づけばこれまで作ったレシピは500種類以上、今ではほぼ毎日カレーを食べています。

毎日カレーと聞くと飽きそうと思うかもしれませんが、スパイスと食材の組み合わせで無限に味を作れるので、食べるたびに未知の味と出合うことができます。

たまに「毎回同じような味になってしまう」という悩みを聞きますが、その原因は具材を入れすぎていることにあるかもしれません。

たとえばみそ汁を作るとき、キャベツににんじん、もやしにきのこに……と具材をたくさん入れるほど、特徴のない味になりますよね。「今日はキャベツと豆腐！」といったように絞った方が、素材が引き立っておいしくなります。**スパイスカレーも同じで、主役の具材は１つか、多くても２つがベスト**なのです。

ちなみにインドカレー店にいくと「チキンカレー」「豆カレー」「マトンカレー」というように、主役の具材が一目瞭然です。これは、インド人にとっては**「カレーを食べる」ではなく、「この食材を食べる」という発想が当たり前**だからです。インド人が毎日カレーを食べているのも、特別なことではないのです。

第3章

もっと知りたい
スパイスの世界

スパイスは粉だけじゃない？

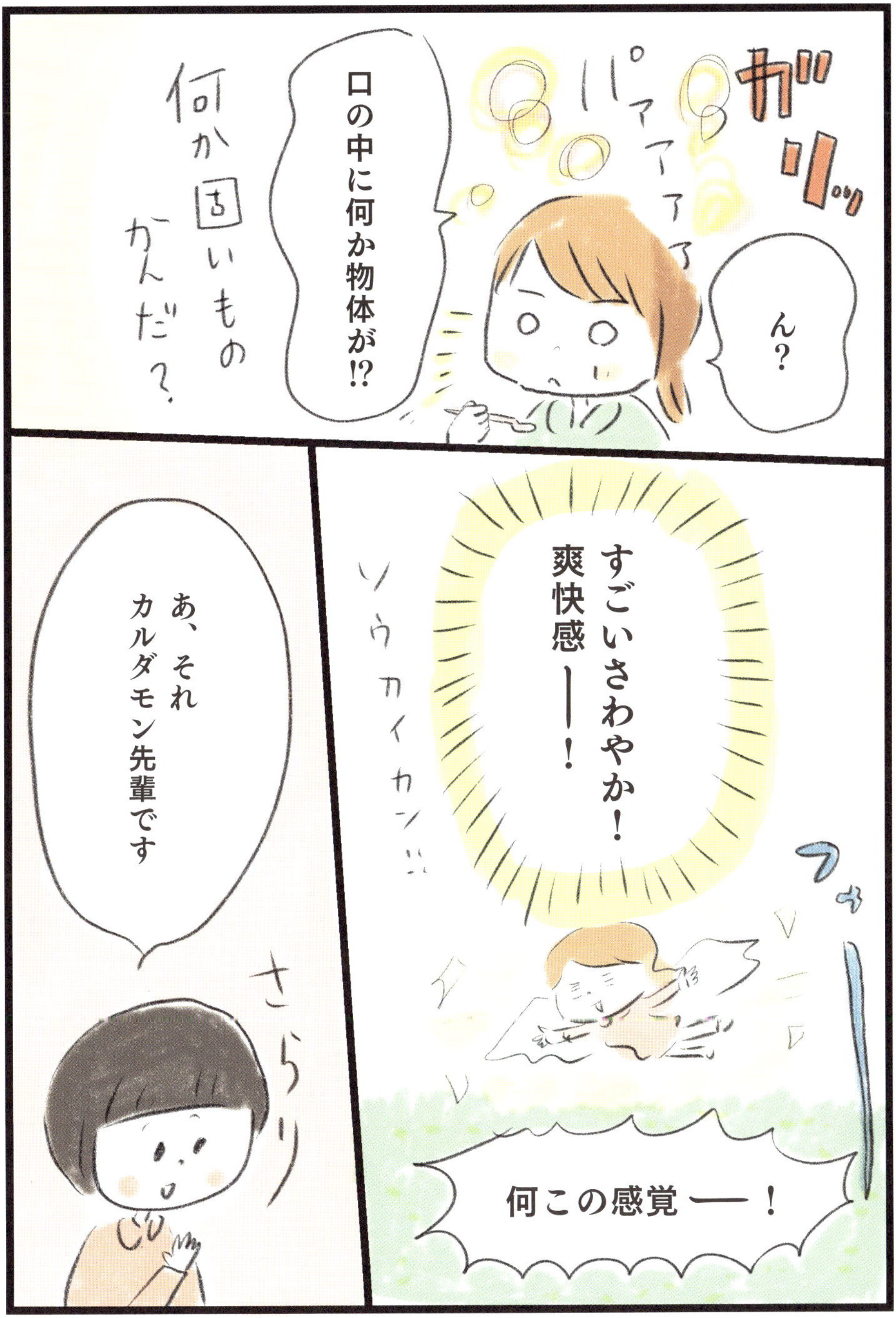
ガリッ
パアアアア
ん?
口の中に何か物体が!?
何か固いものかんだ?
すごいさわやか!
爽快感ーー!
ソウカイカン!!
何この感覚ーー!
あ、それ
カルダモン先輩です
さらり

カルダモン
せんぱい？
これもスパイスなんですよ
私ももってます！
これです
ホールスパイスという種類です
ホール？スパイスって粉だけじゃないの？
カルダモンはこんな形をしています
このまま入れる
なかに小さい種が入ってます

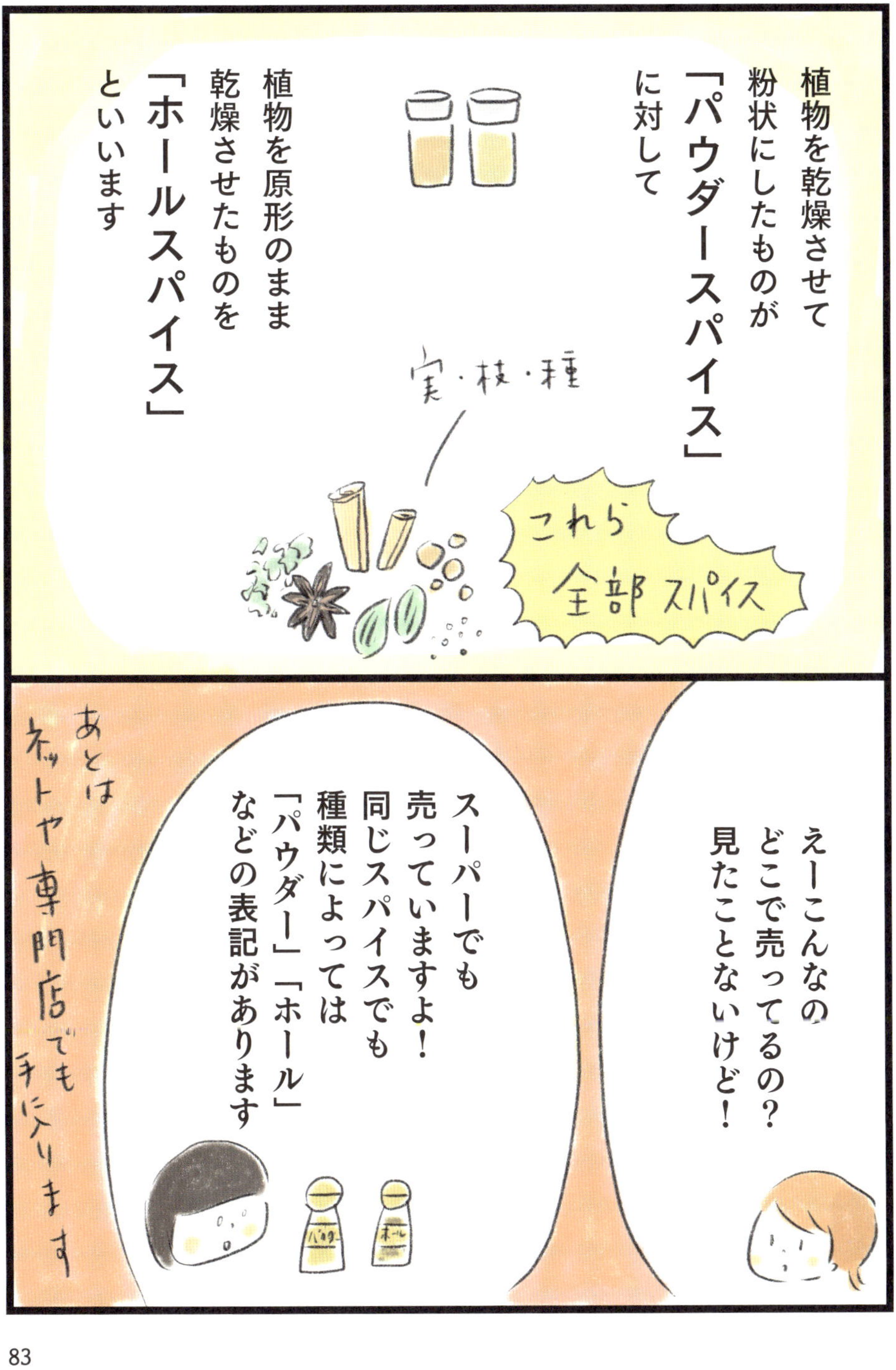
植物を乾燥させて
粉状にしたものが
「パウダースパイス」
に対して
植物を原形のまま
乾燥させたものを
「ホールスパイス」
といいます
実・枝・種
これら全部スパイス
えーこんなの
どこで売ってるの？
見たことないけど！
スーパーでも
売っていますよ！
同じスパイスでも
種類によっては
「パウダー」「ホール」
などの表記があります
あとはネットや専門店でも手に入ります
パウダー
ホール

パウダースパイスとホールスパイスって？

初めて見たー！
パウダースパイスとホールスパイスって何が違うの？

パウダーとホールの違い

	パウダー	ホール
長所	スーパーなどで手軽に手に入る	香りが持続しやすい
短所	ホールとくらべて、香りが飛びやすい	種類によっては、スーパーで手に入らないものもある

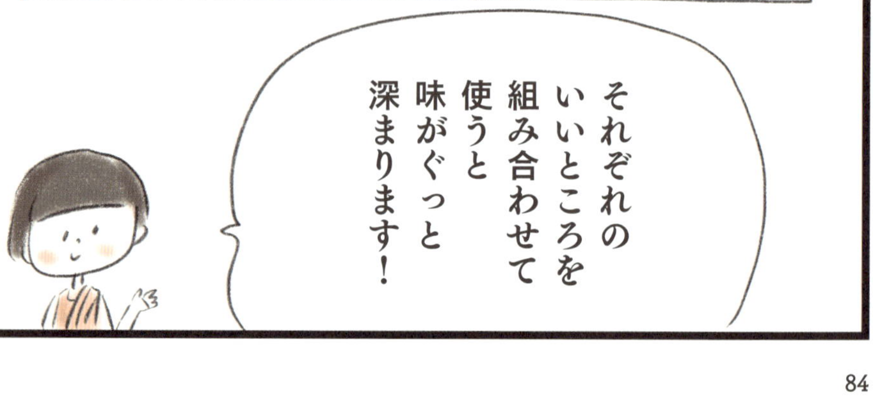
それぞれのいいところを組み合わせて使うと味がぐっと深まります！

ホールスパイスとパウダースパイスの一番の違いは「香り」です
ホールスパイスは最初に油で熱することで
へー
深い香りが引き出せるので入れるだけで味がより本格的になります！
もちろん、ホールスパイスがなくてもこれまでの3つのパウダースパイスがあれば十分おいしくできるのでご安心を！
基本はクミン、コリアンダー、ターメリックだけでOK！
でもホールスパイスももっていると、さらにスパイスカレーの楽しみ方は広がります！
使い方もかんたんです

あとはホールスパイスの方がパウダースパイスに比べて香りが長くもちます
密封袋
瓶容器やチャックがついた袋、フタがついている入れものでの保存がおすすめです
パウダーは香りが飛びやすいので多めに入れたくなりますがあまり入れすぎるとジャリジャリした食感になりおいしくありません
じゃり
じゃり
だからホールスパイスは食感を変えずにより良い香りを引き出す方法とも言えます!頼りになるんです!
センパイって呼びたくなります

なるほどー！でもホールスパイスもたくさん種類があるんでしょ？
てか、本当に私でも買えるの？
どこでー？
スーパーでも買えます！
お店にあった!!
これ
まずはこれだけでOK!!
カルダモンです!!
カルダモン
さわやかな強い香りをもつ。
数あるスパイスの中でも、
ひときわ目立つ存在感があり、
まさにさわやかイケメン！
世界で最も古いスパイスのひとつ。
植物の種子の部分。
カルダモンを噛んだらラッキー！

ホールスパイスを使ってみよう

ホールスパイスカレーのルール

「主役」×「ベース」×「スパイス」のルールは同じ

味を決める役割

1. 主役（何を食べたい？）

2. ベース（あっさり or こってり）

香りを決める役割

3. スパイス

各小さじ1

- クミン
- コリアンダー
- ターメリック

NEW

＋ホールスパイス

カルダモン1粒

×人数分

1番最初に入れるよ！

ホールスパイスは基本の5ステップの前に入れるだけ!!

STEP0

中火で熱したフライパンにサラダ油をひき、油の中でホールスパイスを1分ほど熱する

// ホールスパイスがない人はとばしてOK //

ここからはいつもと一緒!

1

サラダ油をひき、強火で玉ねぎ・にんにく・しょうがを約10分炒める

強火

玉ねぎがこげ茶色になるまで!

2

トマトを入れて約2分炒める

CUT!!

Point
トマトは木べらで実をつぶしてペースト状にする

3

弱火にして、3つのスパイスと塩を各小さじ1入れて約1分炒める

コリアンダー
クミン
ターメリック
塩
弱火

Point
スパイスはこげやすいので注意!

4

中火にして、主役の具材（とりもも肉）と水を入れる

計量カップがない人は、だいたいお米のカップ約半分でOK!!
1カップ 180ml
水 100ml
肉
中火

5

ベース（ヨーグルト）を入れてよく混ぜる。沸騰したら弱火にし、フタをして約10分煮込む

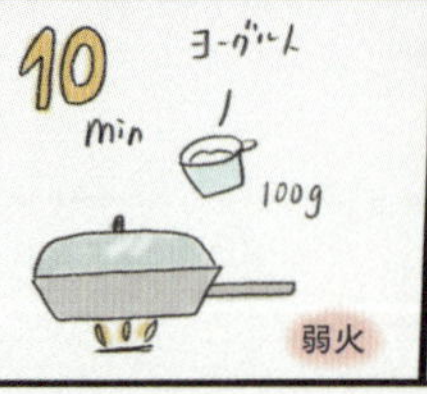
10 min
ヨーグルト
100g
弱火

最後にもう一度塩で味をととのえたら完成!

さっそく
ホールスパイスに挑戦!!
今回の主役は
和の食材に
してみましょう
これらで3種類の
カレーを作ります！
いっぱい買ってきました〜
ブリ
なめこと
ほうれん草
あつあげ
あつあげ？
全部カレーに
合わなそう……！
2人分の分量の目安
・ブリは切り身も人数分
・なめこは1袋
・ほうれん草は1株
・あつあげ1枚

今回は3種類とも ベースはこれにしましょう
ココナッツミルク 100g
こってりで！
前回も見たけど 400gもあるの？
ココナッツミルクって どこに売ってるの？
スーパーだと中華コーナーに あることが多いですね 容量が多いので、私は冷凍しています
1回100g使う
4等分にわけて
100g
100g
100g
残り3つを 冷凍庫に入れて
使うときにレンチン

ホールスパイス調理のコツ
まずは
テンパリング
です!
へ?
デン…パ
ロミ?
ホールスパイスは
油で熱することで
香りが引き立ちます
これを
テンパリングと
言います
名前は別に
覚えなくても
いいです
いいんかい
最初に
炒めるのが
ポイント

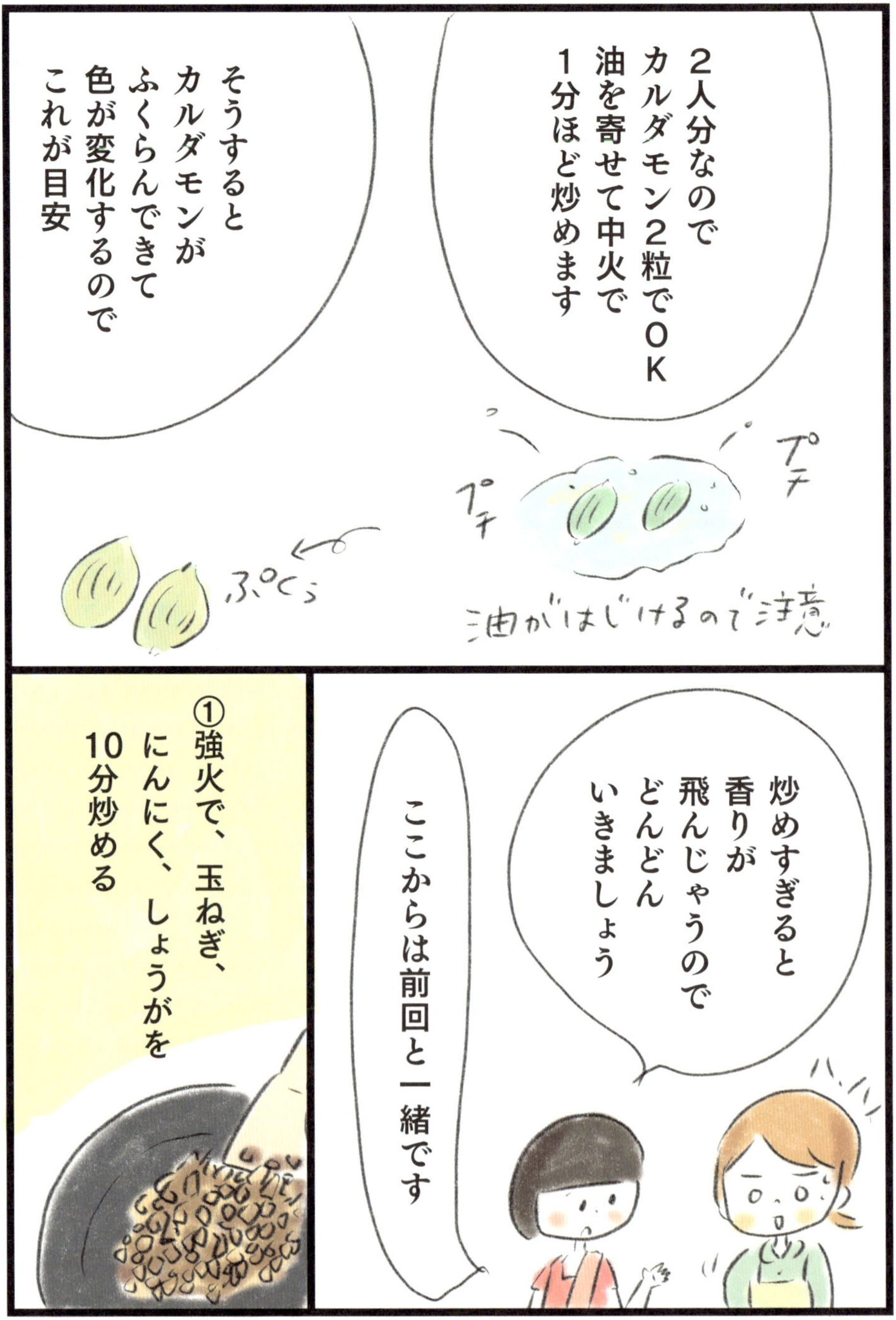

2人分なので
カルダモン2粒でOK
油を寄せて中火で
1分ほど炒めます
そうすると
カルダモンが
ふくらんできて
色が変化するので
これが目安
プチ
プチ
ぷくっ
油がはじけるので注意
炒めすぎると
香りが
飛んじゃうので
どんどん
いきましょう
ここからは前回と一緒です
①強火で、玉ねぎ、
にんにく、しょうがを
10分炒める

②トマトを入れて約2分炒める
③弱火にして3つのスパイスと塩を入れて1分炒める
④中火にして主役の具材（ブリ）と水を入れる
⑤ベース（ココナッツミルク）を入れてよく混ぜる。沸騰したらフタをして弱火で約10分煮込む
最後に塩で味をととのえたら完成！
お好みでチリを
あつあげとなめこ&ほうれん草も同じ手順で作ったら
なめこ&ほうれん草カレー
あつあげカレー
ブリカレー
3種類完成！

うっひゃ〜〜!
魚めちゃくちゃおいしい!!
あつあげもなぜかプリプリ!?
高級あつあげ!?
スーパーで98円です
なにこれすごい!!
なめこも合う……!
まさかみそ汁以外に使える日がくるなんて……
なめこ…
かがやいてる
なめこ…
ブリがおいし〜
なんかカレーっていうか

ブリ料理を食べている？
表現力ドヘタ
フフフ
ブリの存在感ありますよね
日本のカレーはルウが食べたくなるけどこれはブリが食べたくなるカレーですよね
ホールスパイスは、パウダースパイスよりも香りが強いので臭みを消してくれる効果がありますだから、お肉や魚とは特に相性がいいんですよ♡

逆に野菜のように素材そのものの香りやうまみを楽しみたいときは
スパイスはそこまで強くなくてもいいのでパウダースパイスのみでベースもあっさりなものにすると合います
つまり大事なのはその主役が活きるための
スパイスやベースを選んであげること！
いつも地味だけど
カレーなら主役になれる

カレーはスパイスありきじゃない
素材　ありき!!
by カリー子
どーん
すごい一文を一筆してもらってしまった
でかい…
どこにかざろう
自宅
勝手にスパイスカレーってスパイスの調合とか種類の多さかと思ってたな

昔、料理上手な友人に
どうしたら料理が
うまくなるか聞いたとき
食材と会話することかな？
さらり
ハイレベルだな
メンタリストか！
そのときは
よくわからなかったけど
もしかして……
今日はあつあげが食べたい
君をステキにするにはどうしたらよいー？
んー
いつもしょうゆだしなー
食べたい食材を
どうやったら
一番おいしく
できるか
考えるってこと
……

スパイスカレーって
スパイスが主役じゃなくて
スパイスは
その食材が一番輝けるように
魔法をかけてくれる存在なのかも
イエーイ
あつあげくん
ヒュー
ワー
あ！　なんか私
今なら
食材の声が
聞こえそう！
料理上手への道!?
ハッ
おーい
あつあげー
聞いてるかー
また食うんかい

印度カリー子 memo ⑥

スパイスの賞味期限って？

「スパイスを買っても、期限内に使い切れるか心配」という声がよく寄せられます。スパイスの賞味期限はメーカーにもよりますが、未開封の場合でパウダーは約２年、ホールは約３年が目安です。

そもそもスパイスは乾燥しているので、腐ることはありません。
「スパイスの賞味期限」とは、「スパイスの香りが保つ期限」。賞味期限は印字されている日付ではなく、香りで判断します。
フタを開けて香りがしなくなったら買い替えのタイミング。カルダモンは鮮やかな緑色が退色したら買い替えましょう。

できるだけ長くスパイスの香りを保つコツは、保管の仕方にあります。スパイスは日光や湿気に弱いので、**直射日光が当たらない暗所がベスト**です。高温を避ければ常温保存 OK で、冷蔵庫で保存する必要はありません。

また、スーパーでよく見る瓶容器タイプはそのままの保管で問題ないですが、商品によっては袋詰めのものもあります。その場合は、フタつきの容器に移し替えるのがおすすめです。私は乾燥剤も一緒に入れています。
かわいい瓶容器は100円ショップなどでも手軽に手に入るので、ぜひお気に入りを見つけてくださいね。

第4章

スパイスでおいしくダイエット

あると便利なホールスパイスはこの3つ

食べたことのない味に出合うと
何だこの味
って、脳が刺激されるのでその分、満足度も上がるんですよ
脳
シナモンかけると甘くて新鮮ー!
ん?
こっちは何? 木の枝?
それもシナモンです! ポテチにはパウダーをかけましたがこれが元の形です
おかしづくりのときとか見ますよね
前回はホールスパイスの中からカルダモン先輩を紹介しましたが
実はほかにもスーパーで手軽に手に入るおすすめのホールスパイスがあります!

ホールスパイスは3種類でOK

クローブ

甘い香りだが噛むと舌がしびれるような刺激がある。花のつぼみの部分。

シナモン

甘くて独特な香りをもち、おかし作りにも使われる。
樹皮の部分。「シナモンスティック」でも代用 OK。

カルダモン

香りのクセの強さは、シナモンが一番強くて
カルダモンとクローブは同じくらいです。
どれもスーパーで買えますよ！

ホールスパイスの目安

カルダモン	1人	1粒
クローブ	1人	1粒
シナモン	1人	1cm

この3つは
どれも最初に
炒めます！

これだけ覚えればOK！

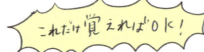

ふーん シナモン１cm
って……
細かったり
太かったり
サイズどれもバラバラなんだけど!!
そういえばトマトとかも大きさ色々あるし……
正解はドコ!?
ぶっちゃけ
正解はないです
えーー
あくまで目安です
ぴったり１cmじゃなくても大体でOKです
ぶっちゃけ分量をきっちり正確に計らなくても
３つのパウダースパイスさえ入っていればちゃんとカレーになります！絶対にぴったりじゃなくていいんです！
キュピーーン!!
ここで決めゼリフ!! 大切なので!!

ホールスパイス使い分けのコツ

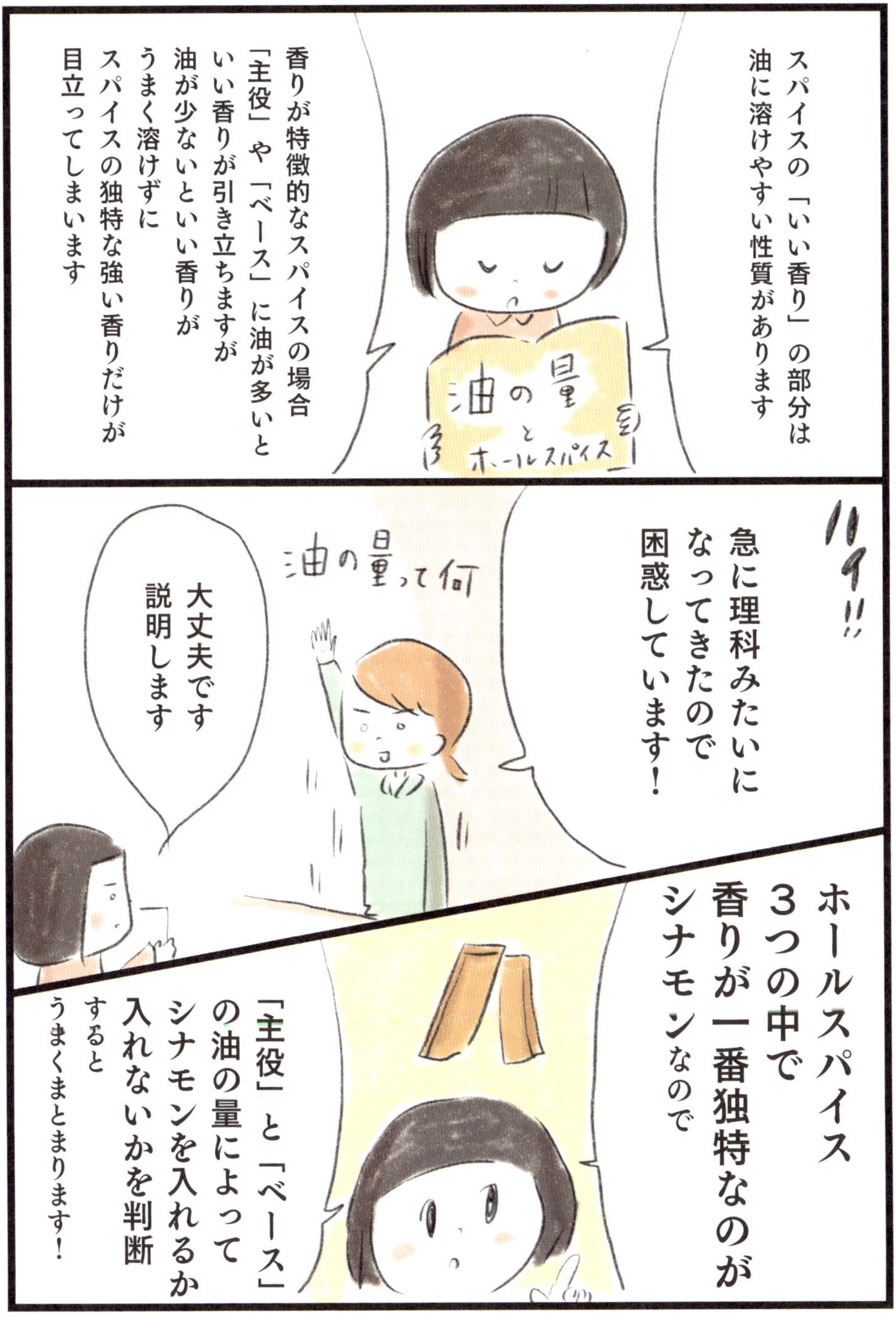
スパイスの「いい香り」の部分は油に溶けやすい性質があります
油の量
と
ホールスパイス
香りが特徴的なスパイスの場合「主役」や「ベース」に油が多いといい香りが引き立ちますが油が少ないといい香りがうまく溶けずにスパイスの独特な強い香りだけが目立ってしまいます
ハイ!!
急に理科みたいになってきたので困惑しています！
油の量って何
大丈夫です説明します
ホールスパイス3つの中で香りが一番独特なのがシナモンなので
「主役」と「ベース」の油の量によってシナモンを入れるか入れないかを判断するとうまくまとまります！

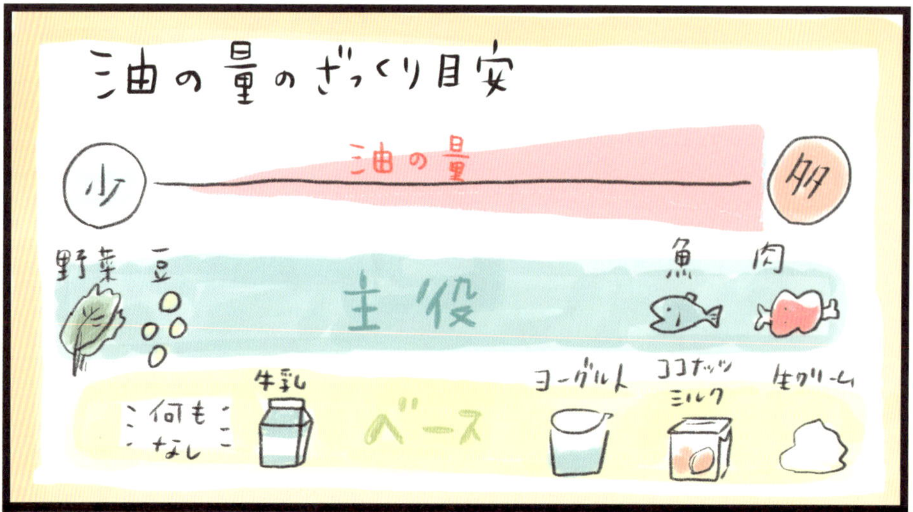
油の量のざっくり目安
少
油の量
多
野菜
豆
主役
魚
肉
何もなし
牛乳
ベース
ヨーグルト
ココナッツミルク
生クリーム

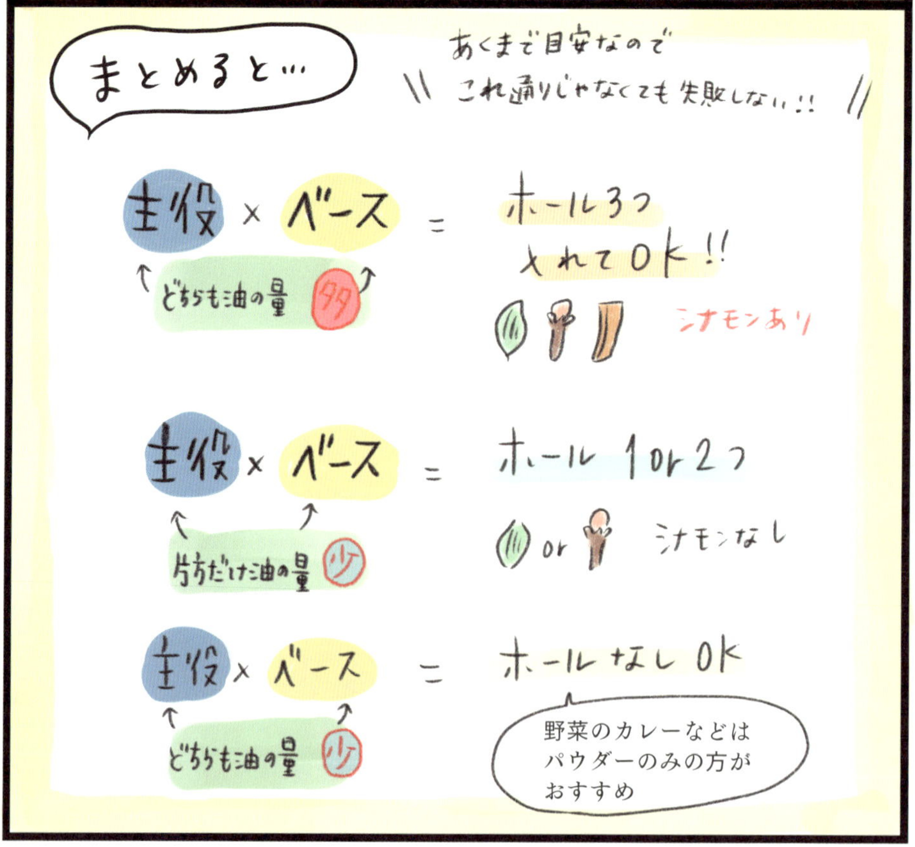
まとめると…
あくまで目安なので
これ通りじゃなくても失敗しない!!
主役 × ベース = ホール3つ入れてOK!!
どちらも油の量 多
シナモンあり
主役 × ベース = ホール 1or2つ
片方だけ油の量 少
or
シナモンなし
主役 × ベース = ホールなしOK
どちらも油の量 少
野菜のカレーなどはパウダーのみの方がおすすめ

キーマカレーを作ってみよう

実際に作りながらやってみましょう!
まずはキーマカレー!
キーマ
「主役」はひき肉、「ベース」はヨーグルトでどちらも油の量が多いのでホールスパイスを入れるなら3つ全部OKです

キーマカレー

材料（2人分）

主役 — 豚ひき肉 …… 200g

ベース — ヨーグルト …… 100g

スパイス

- クミン・コリアンダー・ターメリック …… 各小さじ1

その他

- 玉ねぎ・トマト ……… 各1こ
- にんにく・しょうが …… 各1かけ
- 水 ……………………… 100ml
- 塩 ……………………… 小さじ1
- サラダ油 ………………… 大さじ1

もしあれば

※ホールスパイスは3種類までOK

- カルダモン …… 2粒
- クローブ ……… 2粒
- シナモン ……… 2㎝

まず油をひいて、ホールスパイスを炒めます シナモン、カルダモン、クローブを 全部入れちゃいます
ホールがない人は とばして OK
もちろん、いつものパウダースパイス3つがあれば ホールスパイスはなくても おいしく作れるので ご安心を！
ぷくー
カルダモンが ふくらむまで 炒めます
ここからは いつもと 同じです！
もう覚えちゃって ますか？
やってみるぞー！ 強火で玉ねぎ、にんにく、しょうがを 10分炒めます
トマトを加えて炒めたら パウダースパイス3つと 塩を入れて1分炒めます

主役のひき肉と水、ベースのヨーグルトを入れて、沸騰したらフタをして弱火で煮込む
ひき肉は火が通りやすいので5分ほどでOK
主役の具材は、火が通りやすいものや小さいサイズだと、煮込み時間も短くていいいんだね！
最後に塩で味をととのえるね
そうです!!
仕上げに卵をのせてみました！
じゃーーーん
完成〜！おいしそう〜！
ホールスパイスもたくさん使ったからか
ゴクリ
さらにおいしそうな香りが……！
!!

ぶわああああああ!!
おいしい!
キーマカレーって
重いイメージがあったけど
すごくさわやか!
スゴー
もう1品作ってみました
ほうれん草チキンカレーです
ほうれん草と
チキンの
主役が
2つの
カレーです
ほうれん草チキン
カレー

ほうれん草チキンカレーを作ってみよう

ほうれん草チキンカレー

2人分

主役

- ほうれん草 …… 1束
- とりもも肉 …… 200g

ベース

- 牛乳 …… 100ml

スパイス

- クミン・コリアンダー・ターメリック ………… 各小さじ1

その他

- 玉ねぎ・トマト ………… 各1こ
- にんにく・しょうが …… 各1かけ
- 水 ………………………… 100ml
- 塩 ………………………… 小さじ1
- サラダ油 ……………… 大さじ1

もしあれば

※ホールスパイス は2種類までOK

- カルダモン …… 2粒
- クローブ ……… 2粒

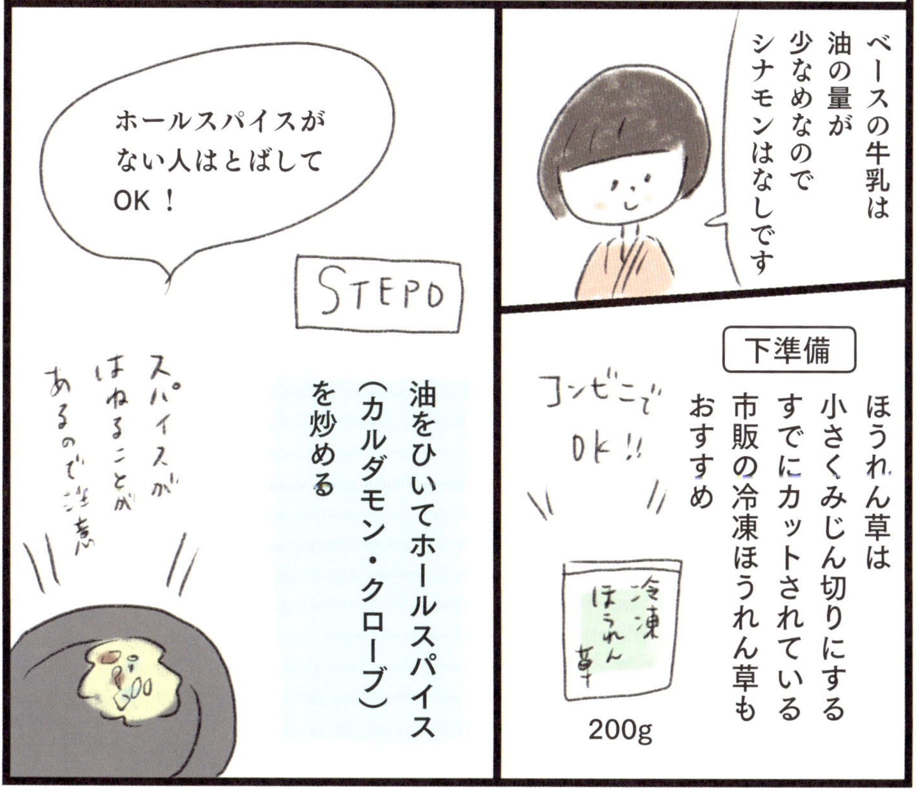
ベースの牛乳は油の量が少なめなのでシナモンはなしです
下準備
ほうれん草は小さくみじん切りにする
すでにカットされている市販の冷凍ほうれん草もおすすめ
コンビニでOK!!
冷凍ほうれん草
200g
STEP0
油をひいてホールスパイス（カルダモン・クローブ）を炒める
ホールスパイスがない人はとばしてOK！
スパイスがはねることがあるので注意

またここからはほぼ一緒！強火で玉ねぎ、にんにく、しょうがを10分炒める
トマトも加えて
実をつぶしながら2分炒める
弱火にしてパウダースパイス３つと塩を入れて１分炒めたら
中火にしてひと口サイズに切ったもも肉と水を入れる
弱
中
今回いつもと少し違うのがほうれん草を入れるタイミング！
煮込みすぎるとクタッとしちゃうので
軽く1分でOK
ベースの牛乳を入れて10分煮込んだら最後にほうれん草を入れて炒めます

ほうれん草チキンカレー
主役が2つあるとまた豪華だねー！まろやかでおいしいー！
ん？なんか固いもの噛んだ？あ！ ホールスパイス入れっぱなしだからか！
ホールスパイスは最後まで取り出さなくてOK！基本的に食べられないスパイスはありません
シナモンは固いので避けますがカルダモンやクローブは、味の違いを楽しんでみてくださいでも苦手だったら避けても大丈夫！
ぷはー
ごちそうさまでしたー！
カラッ
香りがしっかりしているからいつもよりもさらに満腹感がある気がする！
ですよね!!

スパイスカレーはダイエットの強い味方！

ダイエットって
低カロリーで
「おなかを満たすこと」って
思われがちなんですが
大切なのは
「脳を満たすこと」
だと思うんです
そのために最高の相棒になって
くれるのがスパイス！
なぜなら、五感をフルに
使うからです！
脳を
満足させる⁉
五感⁉

たとえば和食は食べ慣れているので新しい香りを意識することは少ないです
肉じゃが
シャケ
でもスパイスカレーは私たちにとっては新しい香りなので嗅覚が刺激されます
食材とスパイスの組み合わせで味も無限！
毎回想像もしなかった味に出合えるので味覚も刺激されます
なんとなく食べていたときよりも脳の満足度が上がり、少量でもおなかいっぱいに感じるようになりました
たまにポテチ食べますが
よく食後にデザートを食べたくなるのもおなかが空いているんじゃなくて脳が食事に満足できてないからだと思います

あと前よりも代謝が上がって
ピッカー
肌の調子もよくなりました！
見てくださいこのお肌!!
いいことづくしじゃん……！
何ソレズルイ
でも私、最近よくお店にスパイスカレー食べに行ってるけど全然やせないよ？
ナンデ？
外食だとお店によっては油が多いところもあるので自炊がおすすめです
おうちでカロリーコントロールするのが1番です
カリー子流スパイスカレーがダイエットにもオススメなワケ
カリー子流
スパイスカレー
・小麦粉なし油も少量
・基本の具材がヘルシー
トマト
玉ねぎ
・主役の具材は自分でヘルシーなのを選べる!!
ダイエットにもgood
日本のカレー
・ルウには小麦粉・油脂がたっぷり
・基本の具材が根菜
糖質高い
ダイエットにはビミョー

印度カリー子おすすめ ダイエットカレー!!

主役の具材に
低脂質や
高たんぱくなものを
選ぶのがおすすめ！

ひよこ豆のカレー

ひよこ豆は高たんぱく＆低脂質で、
食物繊維もたっぷりと栄養満点！
便秘解消やむくみ予防にも効果があり、
まさにスーパーフード！

材料　２人分

主役	・ひよこ豆の水煮缶…200g（目安）
ベース	・なし
スパイス	・クミン・コリアンダー・ターメリック…………各小さじ１
その他	・玉ねぎ・トマト………各１こ
	・にんにく・しょうが…各１かけ
	・水…………………………100ml
	・塩…………………………小さじ１
	・サラダ油…………………大さじ１

シーフードカレー

イカやエビは高たんぱく＆低脂質！
食べごたえあるのにヘルシーなのもうれしい！

材料　２人分

主役	・冷凍シーフードミックス…200g（目安）
ベース	・牛乳……………………………100ml
スパイス	・クミン・コリアンダー・ターメリック………各小さじ１
その他	・玉ねぎ・トマト……………各１こ
	・にんにく・しょうが………各１かけ
	・水……………………………100ml
	・塩……………………………小さじ１
	・サラダ油……………………大さじ１

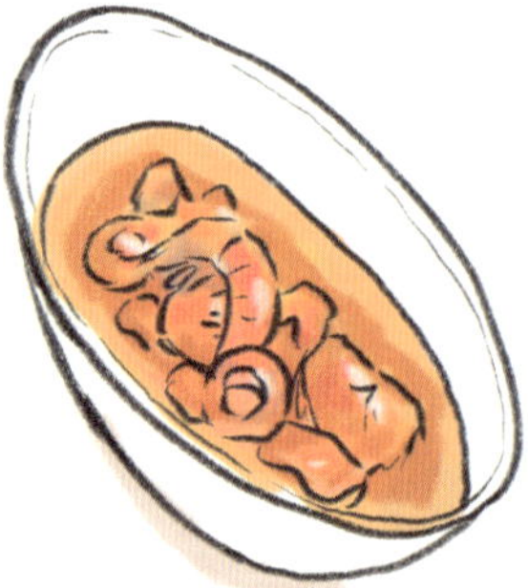

サバカレー

サバは高たんぱくな上に、コレステロールを下げて血液をサラサラにしてくれる効果も。やせやすい体を作ってくれる強い味方！

材料　2人分

主役	・サバの水煮缶 … 200g（目安）
ベース	・ココナッツミルク缶…100g
スパイス	・クミン・コリアンダー・ターメリック ……… 各小さじ1
その他	・玉ねぎ・トマト ………各1こ
	・にんにく・しょうが …各1かけ
	・水 ………………………100ml
	・塩 ………………………小さじ1
	・サラダ油 ………………大さじ1
もしあれば	※ホールスパイスは3種類までOK
	・カルダモン ……………2粒
	・クローブ ………………2粒
	・シナモン ………………2㎝

作り方

＼3つとも流れは同じ！／

①サラダ油をひいて、ホールスパイスがあれば最初に炒める
②強火で、玉ねぎ・にんにく・しょうがを強火で約10分炒める
③トマトを入れて約2分炒める
④弱火にしてスパイス3種類と塩を入れて約1分炒める
⑤中火にして、主役の具材と水を入れて混ぜる
⑥ベースを入れて沸騰したら、弱火でフタをして5分煮込む。最後に塩で味をととのえて完成

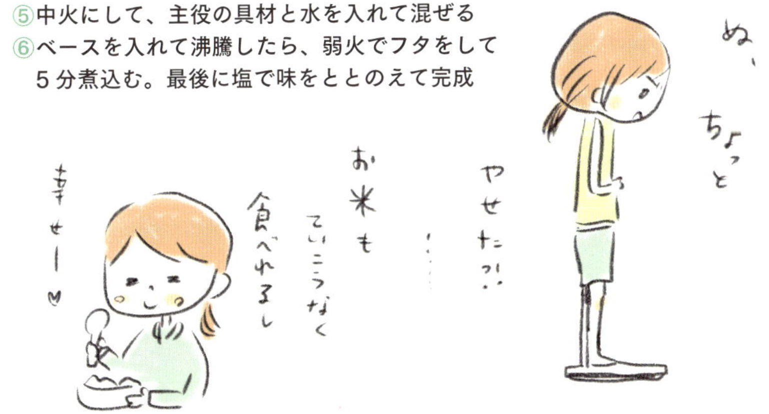

印度カリー子 memo ⑦

スパイスカレーがやせる本当の理由

スパイスには美容やダイエットにもうれしい効果がたくさん。おいしくカレーを食べるだけで、こんなメリットもあります。

ダイエットや美容にうれしいスパイスの効能

・クミン …………… 消化促進
・ターメリック … 抗酸化作用／肝機能強化作用
・チリペッパー … 脂肪燃焼効果
・シナモン ……… むくみ予防／末梢への血流量増加

私自身スパイスカレーを作るようになって、1年で7キロやせましたが、常に大事にしているのは、**①新しい味と出合うこと、②五感をフルにして味わうこと**です。そうすることで、**脳を満足させる**ことができるからです。

大人になると初めての味に出合うのは、なかなかむずかしく、特に和食などは見るだけで大体どんな味か予想ができてしまいます。また、慣れ親しんだ香りや味ほど、スマホやテレビを見ながら、舌だけでなんとなく食事してしまう人もいるでしょう。

一方で**スパイスカレーは新しい味に出合いやすい**です。選ぶ食材とスパイスの組み合わせで、味も何通りにもなるので、「今回はどんなカレーができたかな」と作るたびにワクワクします。

また、スパイスカレーは調理中から楽しくて、ホールスパイスが弾ける音、次々変化していく鮮やかな色、そして心地よい香り……。これらは**聴覚、視覚、嗅覚をいっぱいに刺激**して、さらに、できあがったカレーも五感をフル活用して味わいます。そうすることで満足度がいつもの何倍も上がるのです。

満足度が上がれば、少しの量でもおなかいっぱいに感じ、食後についつい食べてしまうことがなくなりました。

ちなみに新しい味に出合うという意味で、外食で食べるインドカレーは手っ取り早いですが、お店によっては油がたっぷりでカロリーが高いことも多いので注意が必要です。

使う食材や油の量を自分で調整できるという面では、やはり**おうちで作るのがおすすめ**。本書では**油はたったの大さじ1**でOKなので、ダイエット中でも安心して食べることができます。

第5章

スパイスで心と体を元気にする

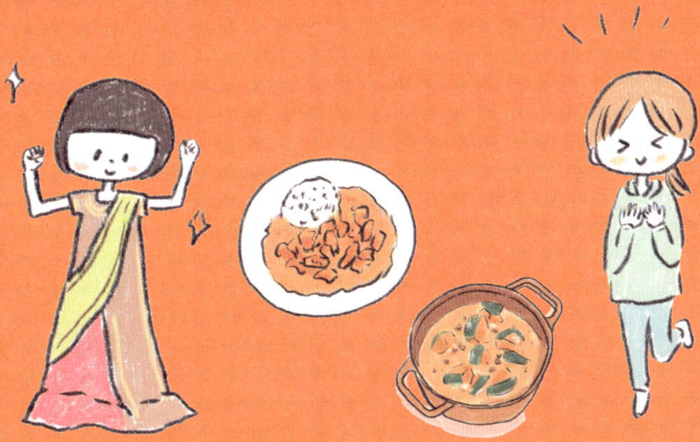

スパイス生活でストレスとおさらば！

食べたあとの満足感はもちろんだけど
食後も体が軽いし
腹持ちもいいから忙しいときもすぐにおなかが空かなくなったし体力もついた気がする
数年前、仕事のストレスで腸炎になって何もかもボロボロになったときもあったけど
すみません
かえります
ズキ
ズキ
いい会社だったけど
なぜかつらかった
あのときスパイスカレーに
出合っていたらもっと元気になれていたのかなー?
なんてっ
大ゲサかなぁ
私もそう思います!

スパイスは食べる漢方

実はスパイスは食べる漢方とも言われているんです！
スパイスによって様々な効能がありスパイスカレーならおいしく食べて健康にもなれますよ！
スパイスのこんな効果
胃腸が疲れているとき
風邪気味のとき
＝
クミン
消化を促し、胃腸の調子をととのえる食欲がないときにこそ積極的に摂るのがおすすめ
食欲がないときに何も食べない
血流が悪くなりむくみやすい
筋肉も衰えて代謝が悪くなる
悪循環!!

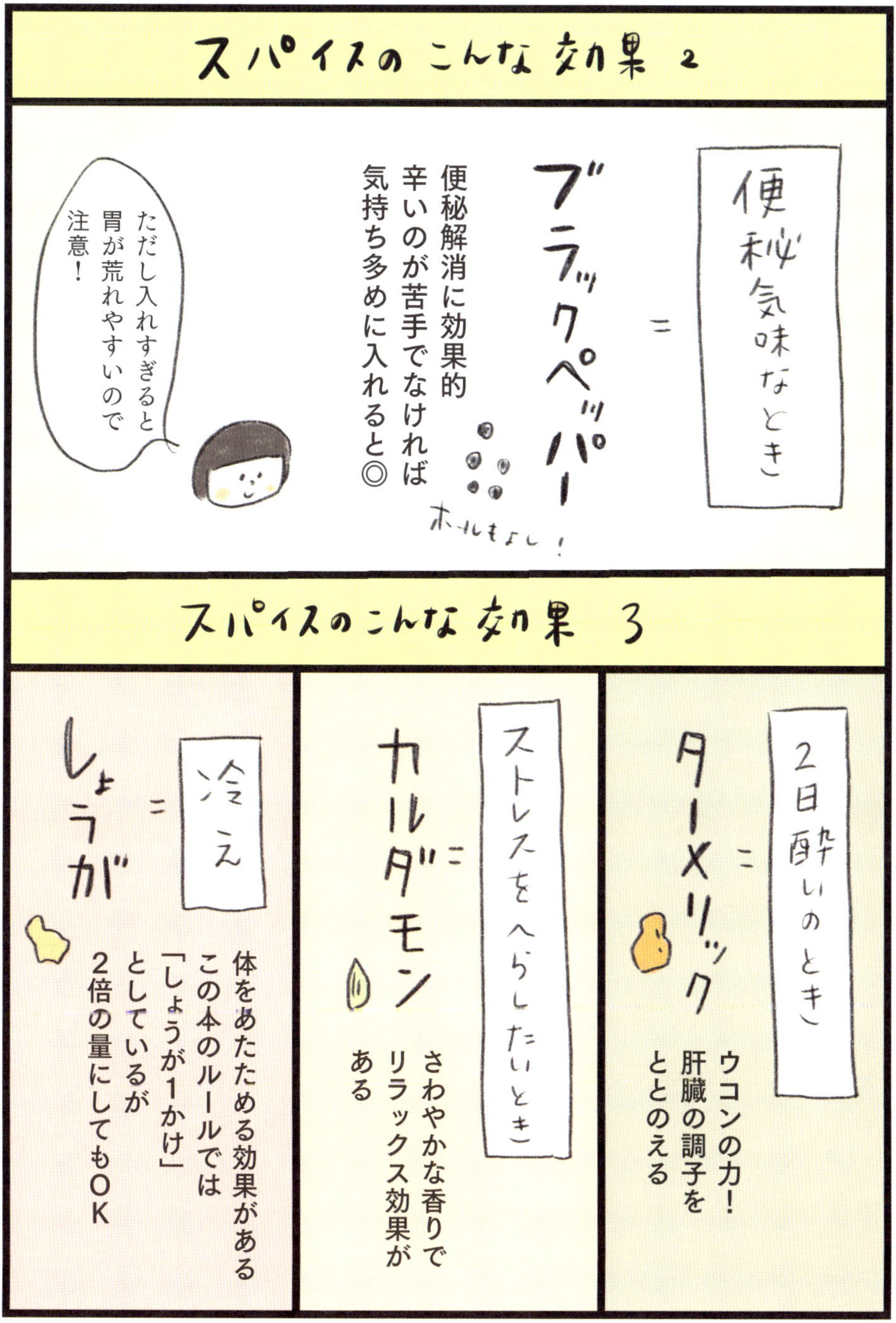
スパイスのこんな効果 2
便秘気味なとき
=
ブラックペッパー
便秘解消に効果的
辛いのが苦手でなければ
気持ち多めに入れると◎
ホールもよし！
ただし入れすぎると
胃が荒れやすいので
注意！
スパイスのこんな効果 3
2日酔いのとき
=
ターメリック
ウコンの力！
肝臓の調子を
ととのえる
ストレスをへらしたいとき
=
カルダモン
さわやかな香りで
リラックス効果が
ある
冷え
=
しょうが
体をあたためる効果がある
この本のルールでは
「しょうが1かけ」
としているが
2倍の量にしてもOK

不調をととのえるカレーを作ってみよう

スパイスって いいことだらけじゃん
今まで スパイスカレー 作ってこなかったのが もったいないよね！
そうなんです！
心も体も元気にする！
それがスパイスカレー!!
神の啓示!?
料理オンチな私でも失敗しないで作れちゃうし
もうスパイスカレーさえあれば生きていける気がする
スパイスカレーだけ作りましょ！

心と体を元気にする おすすめの組み合わせ

がんばりすぎて
つかれちゃったときの
リラックスカレー

材料　2人分

主役：かぼちゃ …200g
ベース：牛乳 …100ml

スパイス
・クミン・コリアンダー・ターメリック………… 各小さじ1

その他
・玉ねぎ・トマト……… 各1こ
・にんにく・しょうが … 各1かけ
・水…………………………… 100ml
・塩…………………………… 小さじ1
・サラダ油………………… 大さじ1

下準備

・かぼちゃはひと口サイズにカットする
・電子レンジで約2分（800W）加熱してやわらかくしておくと、煮込み時間を1分に短縮できる

作り方

①サラダ油をひいて強火で、玉ねぎ・にんにく・しょうがを約10分炒める
②トマトを入れて約2分炒める
③弱火にしてスパイス3種類と塩を入れて約1分炒める
④中火にして、かぼちゃと水を入れて混ぜる
⑤牛乳を入れたらフタをして、沸騰後弱火で約10分煮込む。
最後に塩で味をととのえて完成

かぼちゃの甘みと牛乳でやさしい味に仕上がります
緑黄色野菜で元気をチャージしましょう！
かぼちゃは甘いのでシナモンともよく合います！あえて最初に入れてもＯＫ！

風邪を撃退カレー

材料　２人分

主役　豚肉　（こま切れ肉 or ばら肉）……200g

ベース　ココナッツミルク　……100g

スパイス
- クミン・コリアンダー・ターメリック……各小さじ１

その他
- 玉ねぎ・トマト…………各１こ
- にんにく・しょうが……各１～２かけ
- 水…………………………100ml
- 塩…………………………小さじ１
- サラダ油…………………大さじ１

作り方

①サラダ油をひいて強火で、玉ねぎ・にんにく・しょうがを強火で約 10 分炒める
②トマトを入れて約２分炒める
③弱火にしてスパイス３種類と塩を入れて約１分炒める
④中火にして、豚肉と水を入れて混ぜる
⑤ココナッツミルクを入れたらフタをして、沸騰後弱火で約５分煮込む。
塩で味をととのえて完成

ビタミンB１が豊富な豚肉で免疫力を高めましょう！
にんにく、しょうがを多めに入れると体があたたまります！
風邪にもカレーが効くんだね
こいしさんが倒れたら作りにいきますよ！
ラブ♥

第6章

ちょっと特別な日の
スパイスカレー

バターチキンカレーを作ってみよう

本格 バターチキンカレー

材料　2人分

- 主役　とりもも肉 …… 200g
- ベース　生クリーム …… 100ml

スパイス
- クミン・コリアンダー・ターメリック …… 各小さじ1

その他
- 玉ねぎ・トマト …… 各1こ
- にんにく・しょうが …… 各1かけ
- 水 …… 100ml
- 塩 …… 小さじ1
- バター …… 10g

もしあれば

※ホールスパイスは3種類までOK
- カルダモン・クローブ …… 各2粒
- シナモン …… 2㎝

※仕上げのスパイス
- カスリメティ …… ひとつまみ

主役のとり肉と
ベースの生クリームは
どちらも油の量が
多いから
ホールスパイスは
3つ入れるのが
おすすめ、か！
ふん!!
よーし作るぞ！
バターチキンカレーにする技!!
それは！
バッ
バター
いつも最初に入れる
サラダ油をバターに
変える！
だけ！
バター
え？
それだけ？

作り方
フライパンにバターを入れてあればホールスパイスを最初に炒める
ジュ
ここからは一緒！強火でこれらがこげ茶色になるまで炒めたらトマトも投入
にんにく
玉ねぎ
しょうが
弱火で3つのスパイスと塩を入れて1分炒めたら
とり肉、水、ベースの生クリームを入れて10分煮込む
ん？最後に
もしあればカスリメティを入れて塩で味をととのえる
カスリメティ？

ピンポーン
カスメ…？
じゃーん！
じゃーん!!
こいしさん!!
仕上げのスパイス！
カスリメティ
もってきましたっ！
え
エスパー？
そろそろ必要かと
思って
来てくれたー！
別になくても
いいんですが
せっかくなので！

ここで
新たに
登場
ちょっとレアなスパイス
カスリメティ
魔法の葉っぱ！入れるだけで味がよくまとまるので「仕上げのスパイス」とも言われています
カスリメティ
レアキャラです
インドの万能ハーブ
最後に入れると味が
よくまとまる
お助け役！
1回にひとつまみ程度！最後に入れて火を通します
ない場合はとばしてOKです！
スーパーでは売ってないですがネットでは購入できるのでぜひ試してみてください！

あ
そろそろみんな来る時間だ！
セッティングしなきゃ
お友だち呼んだんですか？
えへへ！ そうなの！ みんなにもおうちスパイスカレーを知ってもらいたくて！
なんでおまえが料理？って言われたけど
ピンポーン
あ！ 来た
はーい!!!
パタパタパタ
……
料理苦手で!!
ひー
フフフ

本格 バターチキンカレー
じゃーーーん!!
おーーー!!
うそ! こいしが作ったの?
う、うまい!
お店のカレーみたいじゃん!
いい香り〜〜♡ 幸せ〜〜
本格的じゃん

カレーがもっと楽しくなる一品

サブジは食べたい野菜を1～2種類のスパイスと、にんにく・しょうがで炒めて塩で味をつけるだけ！
カンタンですよー
材料　2人分
・好きな野菜………………お茶碗1杯分
・にんにく・しょうが……各1かけ
・サラダ油…………………大さじ1
・塩…………………………適量
・ターメリック・クミン
………各小さじ4分の1
※辛味が好きなら
・チリペッパー
………小さじ4分の1
作り方
①サラダ油をひいて、弱火でにんにく・しょうがを熱する
②香りがたってきたら、残りの材料を全て加え
強火で2分ほどさっと炒めて完成
にんにく
しょうが
野菜は何を使ってもOKです！私がよく使うのはキャベツ、水菜、ジャガイモです
是非やってみて下さい
カンタンー

カラッ
ごちそうさまでしたー！
ふぅ…
心地よい満腹感！
おいしかったー！
カリー子ちゃんに習って
チャイも作ったよ！
スパイスで作った
紅茶なんだよー！
マサラチャイ
スパイス入りの
紅茶
材料 2人分
・紅茶の茶葉 ……… 大さじ1杯
（種類はなんでもOK。おすすめは
アッサム茶）
・牛乳・水 ………… 各200ml
・砂糖 ……………… お好みで
もしあれば
ホールスパイス
（全部でも、どれか1種類でもOK）
・カルダモン ……… 1粒
・クローブ ………… 1粒
・シナモン ………… 1㎝

作り方
①小鍋に牛乳以外の材料を入れて沸騰させたら、弱火にして5分煮込む
②牛乳を入れてひと煮立ちしたら完成
スパイスなしでもおいしいよ
＋αのテクニック
①のときにしょうがをうすくスライスして1枚入れるとさらにおいしい！
茶こしでこしてのむ
チャイってこんなにかんたんに家で作れるんだ！
ん‥んまー
食後に最高だね！
おれもスパイスからカレー
作ってみたいな
スパイス料理って食べるだけでなんだか元気が出るよね！

スパイスカレーの作り方私にも教えて！
お、おれも！
こいしにもできるなら！
わたしでもできるかも
わーーただただラクにおいしくスパイスカレーを作っていただけなのに
えへへ
どうしようカリー子ちゃん!!
やったね!!
ぐっ

食べて、幸せで
食べてもらって
みんながもっと幸せで
ボソッ
スパイスカレーって
すごいなあ
でしょ
よろしくね

3つのスパイスさえあれば
主役とベースの組み合わせは
無限大
それはまるで
色とりどりのパレットのようで

わくわくしながら
新しい色《あじ》に
毎日出合える
それが
スパイスカレー
Spice Curry
whole Spice

今日はどんな
パレットで
私のカレーを
作ろうかな

印度カリー子 memo ⑧

さらに買い足したい人におすすめのスパイス

この本では基本はパウダースパイスの3つだけ、応用でホールスパイスを3つ紹介しましたが、さらに色々な種類に挑戦してみたい人のために、おすすめのホールスパイスを紹介します。

●クミンシード

クミンのホールスパイスで、シードは種という意味。
もっとクミンの香りを強調させたいときに使う。小さじ½（2人分）が目安。熱してクミンシード全体から泡が出てきたら、すぐに玉ねぎを加える。
ホールで購入しておき、ミルなどで粉砕してパウダーとして使ってもOK。

●ベイリーフ

やさしい柑橘系の香りをもつ葉。
肉や魚との相性が良く臭み消しとしても使われる。ほかのホールスパイス同様に最初に入れる。「ローリエ」でも代用可能。

●スターアニス

甘く強い独特な香りをもち、中華料理でよく使われる。果実の部分。
スーパーの中華コーナーでは「八角」という名称で売られているが中身は同じ。
雰囲気をがらりと変えたい人におすすめ。
私は好きなので1粒入れてしまいますが、最初のうちはひとかけらでもOK。

●マスタードシード

別名からし。油で炒めるとナッツのような香ばしい香りになり、プチプチとした食感も楽しめる。ただしこげやすく、加熱しすぎると香りがしなくなるので、このスパイスのみ最後に香りづけをするのがコツ。別の小さなフライパンに油大さじ1と一緒に弱火で熱し、パチパチと全体に弾けはじめたらカレーに油ごと注いで香りづけをする。

これらは市販されているので、ぜひ探してみてください！
ほかにも色々なスパイスを試してみたい人は、百貨店や大きなスーパーマーケット、通販サイトなどで探してみてくださいね！　最初のうちは10gもあれば十分です。

印度カリー子 memo ⑨

インドカレー店でよく見るカタカナ一覧

おうちで作るのも楽しいけど、お店に食べに行きたいという方のために、インドカレー店でメニューを見ても、これだけ覚えておけば迷わないカタカナを紹介します！

●初級編

- **マトン** …… 羊肉
- **キーマ** …… ひき肉
- **サグ** …… 青菜の総称
  例 サグチキン＝青菜とチキンのカレー
- **パラク** … ほうれん草
  例 パラクチキン＝ほうれん草とチキンのカレー
- **ダル** …… 豆
- **マサラ** …… スパイスミックス
- **チャイ** …… 紅茶（ミルクティー）
  例 マサラチャイ＝スパイスミックスが入った紅茶
- **ラッシー** … インドのヨーグルトドリンク

●中級編

- **ジーラライス** …… クミン入りライス
- **サフランライス** …… 黄色のサフランという香辛料が入ったライス。パエリアの黄色もサフラン
- **バスマティライス** … インドの長米。タイ米より長いお米で、香りが異なる
- **チャナ** …… ひよこ豆
  例 チャナマサラ＝ひよこ豆とスパイスミックスのカレー
- **タンドリー** … タンドール窯を使った料理
  例 タンドリーチキン＝タンドール窯で焼いたチキン

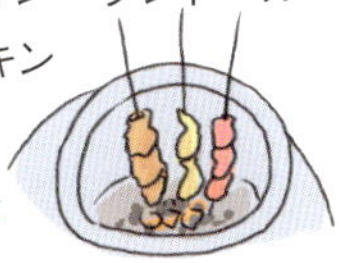

- **ティッカ** …… ひと口大
  例 チキンティッカ＝ひと口大のチキン

●上級編

- **パニール** …… 白いカッテージチーズ
- **コフタ** …… 肉団子
- **コルマ** … 白いシチューのようなカレー
  例 チキンコルマ＝鶏肉の白いシチューのようなカレー
- **ビンダルー** … 酸味のあるゴア州のカレー
  例 ポークビンダルー＝酸味のある豚肉のカレー
- **ロティ** …… 小麦粉、もしくは全粒粉のブレッド
  例 タンドールロティ＝タンドール窯で焼いたロティ
- **チャパティ** … 全粒粉のブレッド

印度カリー子 memo ⑩

ひとめでわかる！　スパイス図鑑

この本ではこれだけで OK！

3つのスパイス（パウダー）

●クミン

効　能：消化促進、胃腸の調子をととのえる
部　位：種子
特　徴：カレーらしい香り
豆知識：香りを噛んで楽しみたいならホールの「クミンシード」でも OK

●コリアンダー

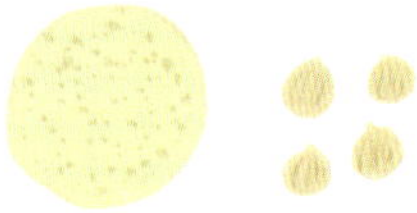

効　能：腹痛に良いとされている。抗菌作用があり、食品の保存にも良い
部　位：種子　※葉はパクチー
特　徴：さわやかな香りをもち、カレーにとろみをつける
豆知識：ツタンカーメンの墓からも見つかっており、最古のスパイスのひとつ

●ターメリック（ウコン）

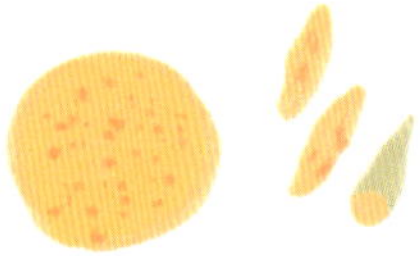

効　能：肝機能をととのえる。抗酸化作用があり、心臓病、糖尿病などにも効果的とされている
部　位：根
特　徴：あざやかな黄色が特徴。カレーに色をつける。また、肉や魚にうすくまぶすと保存性が増す
豆知識：日本のカレー粉の主原料。医学分野で最も研究が進んでいる

あるともっと楽しいスパイス（ホール）

●カルダモン

効　能：リラックス効果、鎮静効果
部　位：さや、種子
特　徴：さわやかな香りが特徴的。鮮やかな緑色のさやの中にはパンチの効いた香りを持つ黒い種が隠れている
豆知識：サフラン、バニラに次いで世界で 3 番目に高価なスパイス。「スパイスの女王」とも呼ばれている

●クローブ

効　能：抗菌作用
部　位：つぼみ
特　徴：独特なツンとする香り
豆知識：日本にも古くから伝わり、正倉院でも発見された

●シナモン

効　能：抗菌作用。血圧低下や解熱にも効果があるとされる
部　位：樹皮
特　徴：繊細で上品な香りをもつセイロンシナモンと、濃厚かつ強くて甘い香りをもつカシアシナモンの２種類がある。よく売られているシナモンスティックは前者。どちらを選んでもOK
豆知識：古代エジプトでは死体防腐処理に使用されていた。近年は認知症予防に関連する研究も進んでいる

●カスリメティ

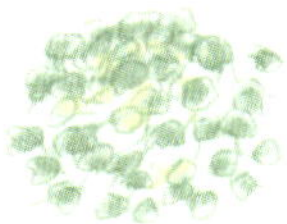

効　能：ー
部　位：葉
特　徴：カレーが一気に本格的に仕上がる、独特な香りのハーブ
豆知識：フェヌグリークシードというスパイスの葉っぱ。インドでは生のものもよく使われる

●スターアニス（八角）

効　能：女性ホルモンに似た働きをするため、女性の不調をととのえる
部　位：果実
特　徴：濃厚な甘い香りが特徴的。しょうゆなどとも相性が良く、中華や台湾料理では欠かせない
豆知識：玉ねぎと炒めると化学反応が起こって、よりおいしい香りに変化する

●ベイリーフ

効　能：消化促進、抗酸化作用
部　位：月桂樹の葉
特　徴：ミカンの葉のような香りで、肉や魚の臭み消しにも使われる
豆知識：古代ギリシャ時代、栄光のシンボルとされていた

●マスタードシード

効　能：抗菌作用、防虫効果
部　位：種子
特　徴：乾燥状態では無臭だが、炒めるとナッツの香り
豆知識：からしの原料で、すりつぶすと独特な酸味が出る。黄色と黒色のものがあるが、どちらを使ってもあまり変わらない

印度カリー子 memo ⑪

スパイスをもっと知りたい人へ（上級編）

よく「スパイスからカレーを作ってみたいけど、〇〇（素材）に合うスパイスの調合の仕方がわからない」というご相談をお受けします。この本を読んでいただけたらおわかりになるかもしれませんが、大切なのはそこではありません。

スパイスカレーをみそ汁にたとえてみましょう。みそ汁も同じように３つの要素でできています。

	スパイスカレー	みそ汁
具材（主役）	とり肉、豆、野菜、魚など	豆腐、油揚げ、なめこ、わかめなど
ベース	ヨーグルト、生クリーム、ココナッツミルクなど	みそ（白、赤、合わせみそなど）
スパイス	クミン、コリアンダー、ターメリックなど	≒ダシ（煮干し、昆布、カツオ節など）

みそ汁を作るとき「今日は何のみそ汁にしよう？」と考えますよね。「豆腐が食べたい（もしくは豆腐がある）から、豆腐のみそ汁にしよう」と考え、「今日はカツオのダシが食べたいから、それに豆腐を入れて豆腐のみそ汁にしよう」と考える人は少ないと思います。

スパイスカレーも同じです。一見スパイスに目が行きがちですが、**大切なのは「何を食べたいか（何を主役にするか）」ということ**。

もちろん、スパイスを変えれば多少の変化はあります。しかし、これはまず主役とベースの選び方の感覚がつかめるようになって、好きな具材で自由にカレーを作れるようになってからのお話。じつは完成したカレーを食べて、スパイスの調合の違いを当てるのは、プロでもむずかしいのです。

スパイスの香りの特徴は作りながら自然に体得していくもの。いきなりスパイスを自分で調合するのは、かなり難易度が高いと言えるでしょう。

自分でスパイスを調合するコツ（上級編）

とは言っても「やっぱりスパイスを自分で調合してみたい！」という方のために、最後にこれくらいまでは変えても失敗しないよ、というスパイスの分量の領域を書いておきます。好きな具材で自由に作れるようになったら、ぜひスパイスのアレンジにもチャレンジしてみてください。

<table>
<tr><th>スパイス</th><th>この本の基本のルール
（2 人分）</th><th>変えてもよい量
（2 人分）</th></tr>
<tr><td>クミン</td><td>小さじ1</td><td>小さじ 1/2 ～小さじ 2</td></tr>
<tr><td>コリアンダー</td><td>小さじ1</td><td>小さじ 1 ～大さじ 1</td></tr>
<tr><td>ターメリック</td><td>小さじ1</td><td>小さじ 1/4 ～小さじ 1</td></tr>
<tr><td>チリペッパー</td><td>小さじ 1/2（中辛）</td><td rowspan="2">加えれば加えるほど辛くなる（2 種類を合わせるとさらに辛くなる）</td></tr>
<tr><td>ブラックペッパー</td><td>小さじ 1/2（中辛）</td></tr>
<tr><td>カルダモン</td><td>2 粒（1 人 1 粒）</td><td>0 ～ 4 粒</td></tr>
<tr><td>クローブ</td><td>2 粒（1 人 1 粒）</td><td>0 ～ 4 粒</td></tr>
<tr><td>シナモン</td><td>2 粒（1 人 1 粒）</td><td>0 ～ 6㎝</td></tr>
<tr><td>カスリメティ</td><td>ひとつまみ（約 0.2g）</td><td>0 ～ 1g</td></tr>
</table>

何度も言いますが、「主役」を決めて「ベース」を選ぶこと。そして塩で味をつけること。これが一番大切です。これらをマスターして、さらにカレー作りを楽しんでいただけたらうれしいです。

あとがき

最近では、よくキャンプでもスパイスカレーを作っています。

外にいると五感が冴えるのか、森の空気がおいしいからなのか、おうちで作るときよりも、さらにその香りが何倍にも広がり、とても幸せな気持ちになります。

森の空気はスパイスをより贅沢に香らせてくれるので、ぜひキャンプに行くときはスパイスカレーを作ってみてください。

もちろんおうちで作るスパイスカレーもおいしい。

この本を書いていて本当におどろいたのは、スパイスカレーの主役はスパイスではなくて、食べたい食材そのものだったこと。

スパイスの力で、あつあげもきのこも、お魚もお肉もよりいっそうおいしく輝くから楽しい。

少し辛めにすると、胃の中からポカポカしてくる感じもあって、食べたことの幸福感がずっと続くとき「いいカレーが作れたなぁ」と恍惚感に浸れます。

普段、料理が苦手でなるべく作りたくないと思っているわたしですが、スパイスカレーは別。

「分量を間違えたって大丈夫。正解なんてない。作っている時間が幸せ」

それは、自由にお絵描きをすることと一緒なのかなぁなんて思います。
カリー子ちゃんに出会ったとき、彼女の「わたしは日本の全てのおうちで、スパイスカレーを気軽に当たり前に作れるようになってほしいから、スパイスを販売しているんです！」という言葉がずっと心に残っています。
日本のルウから作るカレーも、もちろんおいしい！
でも、スパイスカレーも選択肢の1つとして増えたら、きっといいなぁ。
もっともっと彼女の夢と想いがみんなに広がりますようにと願いながらこの本を書きました。

この本を一緒に作ってくれたカリー子ちゃん、編集の大川さん、サンクチュアリ出版の皆様、本当にありがとうございます。
楽しく、おいしく、幸せに書くことができました。
そしてわたしにスパイスカレーを教えてくれた友人たち、一緒に楽しんでくれたキャンプ仲間や家族、そしてこの本を手にとってくれた全ての方々に感謝いたします。

こいしゆうか

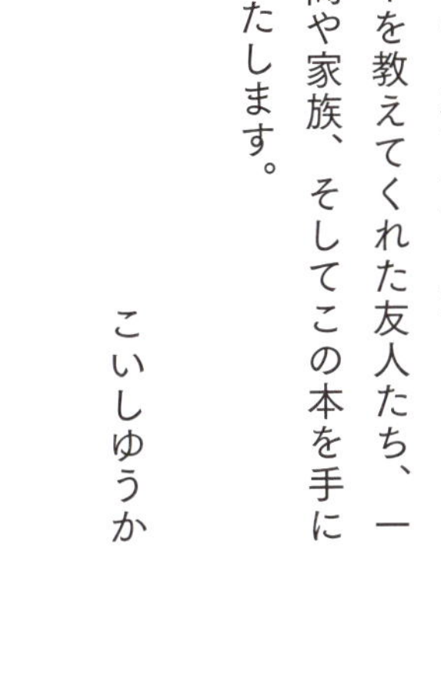

あとがき

はじめてこいしさんと出会ったのは一年半前。知人の紹介で知り合い、すぐに意気投合（笑）。
一緒にカレーを食べに行ったり作ったりしていく中で、スパイスカレーの楽しさをもっと多くの人に知ってほしい、という想いが強くなっていきました。カレーが引き合わせた最高の運命です。

かんたん！　ヘルシー！　新しい味！　いい香り！　楽しい！　そんなスパイスカレー。いいことづくしなのに、やっぱり「なんだかむずかしそう……」というイメージが強いですよね。
いろいろなレシピ本も出ていますが、買うからには本気でやらないといけない雰囲気で、ハードルが高いと感じるかもしれません。
そんな方にこそ、スパイスカレーと出合う感動をお届けしたいと思い、こいしさんと編集の大川さんと3人でひたすらわかりやすく、誰もがスパイスカレーを作りたくなる本を目指しました。マンガを読みながら、おうちでチャレンジして頂けたらうれしいです。
作る際に大切なことは、レシピ通りのカレーを再現しようと考えこまないこと。作って食べてみて、あなたがおいしいと思えたら、それはカレーです。
はじめのうちは失敗したとしても、大丈夫。失敗こそが、失敗しないための、あなたが見つけた最大の財産です。おいしくなるためのいいステップを踏めています。

正解の味なんてありません。大好きだと思えるスパイスカレーを、いつものキッチンで見つけてください。

私の夢は、スパイスカレーが日本の家庭料理になることです。
五十年前、スパゲッティは日本の家庭ではほとんど食べられていませんでした。でもスパゲッティの魅力を伝える料理家が出現し、家庭に徐々に広がっていったのです。

同じように、スパイスから作ったカレーが何気なく日常の食卓にあって、日本全国のおうちから「今日のごはんはスパイスカレーだよ」という声が聞こえてくる……。そんな未来のために、これからもスパイスカレーを広めていきたいです。

そして、スパイスカレーによって日本の食卓がさらに豊かになったとき、もっと素晴らしい食文化が誕生しうると信じています。

最後に、とっても可愛いイラストでカレーの魅力を描いて下さったこいしさん、いつも優しく元気に取りまとめて下さった編集の大川さん、この本を読んで下さった皆様に心より感謝御礼申し上げます。

印度カリー子

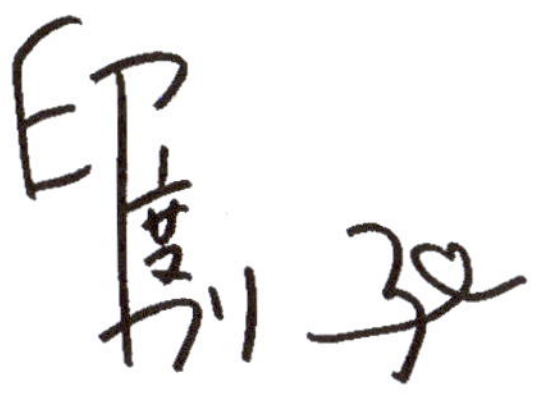

こいしゆうか

イラストレーター。 キャンプコーディネーター。株式会社 STROLL 代表。
雑誌やラジオ、テレビなどでキャンプの企画・コーディネート・プロデュースを行う。
キャンプで料理を作ると「沼料理」（何かドロドロしている）と言われ、料理とは距離をおいていたが、ひょんなことからスパイスの世界に足を踏み入れる。
著書に『カメラはじめます！』（サンクチュアリ出版）など。

印度カリー子（いんど・かりーこ）

スパイス料理研究家。「印度カリー子のスパイスショップ」代表。
19 歳の時にスパイスに出合い、これまで作ったカレーは 500 種類以上。
「インドカレーをおうちでもっと手軽に」をモットーに、初心者のためのオリジナルスパイスセットの開発・販売をする他、商品開発マーケティング、コンサルティング、料理教室運営など幅広く活動。
また、東京大学大学院で食品科学の観点から香辛料の研究中。
著書に『おもくない！ ふとらない！ スパイスとカレー入門』（standards）など。

私でもスパイスカレー作れました！

2019 年 6 月 20 日　初版発行
2025 年 5 月 14 日　第 14 刷発行（累計 7 万 8 千部※電子書籍含む）

著者　こいしゆうか　印度カリー子

デザイン　井上新八
DTP　小山悠太
営業　石川亮・津川美羽（サンクチュアリ出版）
広報　岩田梨恵子・南澤香織（サンクチュアリ出版）
制作　成田夕子（サンクチュアリ出版）
編集　大川美帆（サンクチュアリ出版）

スペシャルサンクス
佐久間亮介（ハイパーキャンプクリエイター）
カレーの師匠たち

発行者　鶴巻謙介
発行所　サンクチュアリ出版
113-0023　東京都文京区向丘 2-14-9
TEL 03-5834-2507　FAX 03-5834-2508
https://www.sanctuarybooks.jp
info@sanctuarybooks.jp

印刷　株式会社シナノ パブリッシング プレス